Anna und Maria Lobushkova

Deutschland kompakt
Ihr Handbuch für eine neue Heimat

Deutschland kompakt

Ihr Handbuch für eine neue Heimat

Bibliografische Information der Deutschen Nationalbibliothek: Die Deutsche Nationalbibliothek verzeichnet diese Publikation in der Deutschen Nationalbibliografie; detaillierte bibliografische Daten sind im Internet über http://dnb.dnb.de abrufbar.

Verlag: BoD · Books on Demand GmbH, In de Tarpen 42, 22848 Norderstedt, bod@bod.de

Druck: Libri Plureos GmbH, Friedensallee 273, 22763 Hamburg

ISBN: 978-3-7693-5367-9

Inhaltsverzeichnis

VORWORT

Herzlich Willkommen! Wir, die Autorinnen dieses Handbuchs, sind diplomierte Dozentinnen für Deutsch als Fremdsprache und Zwillingsschwestern mit mehr als elf Jahren Erfahrung in den Bereichen Bildung und Wirtschaft. Vor über zehn Jahren sind wir selbst nach Deutschland ausgewandert und haben seitdem intensiv die deutsche Kultur, den Alltag und die Arbeitswelt kennengelernt. Dabei haben wir die vielen Herausforderungen erlebt, die Menschen aus anderen Ländern hier begegnen.

Auf Basis unserer eigenen Erfahrungen und der Arbeit mit vielen tausend Kursteilnehmern haben wir uns entschlossen, dieses Buch zu schreiben. „Deutschland kompakt" soll als praktischer Leitfaden für alle dienen, die sich in Deutschland besser zurechtfinden und schneller integrieren möchten. Es bietet essentielle Informationen zu wichtigen Bereichen wie Sprache, Arbeit, Kultur und dem Bildungssystem – alles, was im Alltag hier nützlich ist.

Unser Ziel ist es, Ihnen mit diesem Buch das tägliche Leben in Deutschland zu erleichtern und Sie auf Ihrem Weg in die deutsche Gesellschaft zu unterstützen.

EINLEITUNG

Viele Menschen aus verschiedenen Ländern kommen nach Deutschland – sei es für Arbeit, Studium oder um bei der Familie zu sein. Wenn Sie einer von ihnen sind, wird dieses Buch Ihnen viele wichtige Informationen bieten.

Deutschland ist ein besonderes Land mit einer langen Geschichte und unterschiedlichen Menschen. Aber ein neues Land bedeutet auch, viele neue Dinge zu lernen. Wie findet man eine Wohnung? Wie funktioniert das Gesundheitssystem? Was muss man bei der Arbeit beachten? Und wie lernt man am besten Deutsch? Dieses Buch will Ihnen bei all diesen Fragen helfen.

Wir haben dieses Buch einfach geschrieben, damit alle es gut verstehen können, auch wenn Sie erst seit kurzem Deutsch lernen. Jedes Kapitel bietet Ihnen wichtige Informationen über das Leben in Deutschland und vieles mehr.

Viele Informationen in diesem Buch sind sehr nützlich, insbesondere für verschiedene Deutschkurse. Es ist auch ein hervorragendes Hilfsmittel zur Vorbereitung auf Prüfungen und Tests im Bereich Deutsch als Fremdsprache, wie z.B. DTZ, DTB, Einbürgerungstests und andere.

Wir möchten Ihnen Mut machen. Es ist ein großes Abenteuer, in ein neues Land zu ziehen. Wir hoffen, dass dieses Buch Sie in bestimmten Situationen unterstützen und motivieren wird, die deutsche Kultur und Sprache zu lernen.

Wie man dieses Buch nutzt

Dieses Buch ist in erster Linie für Menschen geschrieben, die nach Deutschland ziehen möchten oder schon hier leben. Aber wie können Sie dieses Buch am besten nutzen? Hier sind einige Tipps:

Langsam lesen und verstehen

Es ist wichtig, dass Sie sich Zeit nehmen, um die Informationen in diesem Buch gut zu verstehen. Lesen Sie jeden Abschnitt langsam und denken Sie darüber nach, wie das Gelesene auf Ihr Leben in Deutschland zutreffen könnte. Wenn Sie etwas nicht verstehen, lesen Sie es noch einmal oder fragen Sie jemanden, der Ihnen helfen kann.

Notizen machen

Vielleicht finden Sie beim Lesen wichtige Informationen, die Sie später brauchen. Es ist eine gute Idee, sich Notizen zu machen oder die Seiten zu markieren, damit Sie die Informationen schnell wiederfinden.

Nach jedem Themenblock werden im Wortschatz die wichtigen Begriffe, Verben, Nomen, Adjektive und Nomen-Verb-Verbindungen aufgelistet. Das Buch ist so gestaltet, dass Sie direkt im Buch eigene Notizen machen und Kommentare schreiben können. Da das Buch in Form eines Handbuchs vorliegt, können Sie es immer dabei haben und zum Beispiel unterwegs im Zug oder Bus lesen. Am Ende des Buches gibt es zusätzlichen Platz für Notizen. Sie können auch Listen erstellen mit Dingen, die Sie noch erledigen müssen, wie zum Beispiel sich für einen Sprachkurs anzumelden oder ein Bankkonto zu eröffnen.

Kapitel auswählen, die für Sie wichtig sind

Sie müssen dieses Buch nicht von vorne bis hinten durchlesen. Vielleicht gibt es Kapitel, die für Ihre Situation besonders wichtig sind. Zum Beispiel, wenn Sie gerade eine Wohnung suchen, lesen Sie zuerst das Kapitel über Wohnen in Deutschland. Wenn Sie mehr über die deutsche Kultur erfahren möchten, fangen Sie mit dem Kapitel über Gesellschaft und Kultur an.

Das Buch als Nachschlagewerk nutzen

Dieses Buch ist nicht nur zum einmaligen Lesen gedacht. Sie können es immer wieder benutzen, wenn Sie Fragen haben oder mehr Informationen zu einem bestimmten Thema brauchen. Behalten Sie das Buch an einem Ort, wo Sie es leicht finden können.

Wortschatz effektiv nutzen

Ein wichtiger Bestandteil dieses Buches ist der Wortschatz, der nach jedem Kapitel bereitgestellt wird. Dieser Abschnitt bietet Ihnen eine nützliche Sammlung von Schlüsselbegriffen, die Sie für Ihr Leben in Deutschland benötigen werden. Manchmal werden Sie feststellen, dass sich einige Wörter wiederholen. Zu jedem Wort im Wortschatz finden Sie Erklärung und Beispiele mit den Wörtern. Nutzen Sie diesen Abschnitt aktiv, um Ihren Wortschatz zu erweitern.

Unbekannte Wörter markieren

Es ist auch hilfreich, unbekannte Wörter direkt im Text mit bunten Stiften zu markieren. Dies unterstützt nicht nur Ihr Gedächtnis, sondern hilft Ihnen auch, die neuen Begriffe besser zu verankern.

Üben Sie Ihr Deutsch

Wenn Sie Deutsch lernen, ist dieses Buch eine gute Möglichkeit, Ihre Sprachkenntnisse zu verbessern. Versuchen Sie, so viel wie möglich auf Deutsch zu lesen. Das hilft Ihnen, neue Wörter zu lernen und sich an die deutsche Sprache zu gewöhnen.

Das Buch im Deutschunterricht nutzen

In unserem Unterricht verwenden wir dieses Buch gerne, da die Teilnehmenden damit wichtige Informationen über das Leben in Deutschland und die häufigen Situationen, die Ausländer hier erleben, erhalten. So sind unsere Kursteilnehmer gut vorbereitet und wissen, wie sie sich richtig verhalten und auf Deutsch reagieren können. Wir empfehlen auch anderen Lehrern, dieses Buch im Deutschunterricht zu nutzen, da es eine wertvolle Unterstützung für das Verständnis der deutschen Kultur und Sprache bietet. Es hilft den Lernenden, sich besser in ihrer neuen Umgebung zurechtzufinden und erleichtert die Integration.

I. GEOGRAFIE UND KLIMA

1. Die geografische Lage Deutschlands in Europa

Deutschland liegt mitten in Europa und hat eine ganz besondere Stellung, weil es viele Nachbarländer hat. Ganz im Norden grenzt es an Dänemark, im Osten an Polen und Tschechien, im Süden liegen Österreich und die Schweiz, und im Westen findet man Frankreich, Luxemburg, Belgien und die Niederlande. Diese Lage macht Deutschland zu einem wichtigen Land für Reisen und Handel in Europa.

Das Land ist ziemlich groß und hat viele verschiedene Landschaften. Im Norden gibt es zum Beispiel schöne Strände an der Nord- und Ostsee. Wenn man weiter nach Süden fährt, findet man große Wälder, Flüsse wie den Rhein und schließlich die hohen Berge der Alpen im Süden. Diese Abwechslung macht Deutschland zu einem interessanten Ort zum Leben und Besuchen.
Die geografische Mitte von Deutschland ist nicht nur für Urlauber interessant. Weil das Land so zentral liegt, spielen auch Handel und Wirtschaft eine große Rolle. Deutschland hat starke Wirtschaftsbeziehungen zu vielen Ländern in Europa und der ganzen Welt. Es ist bekannt für seine Autos, Maschinen und viele andere Produkte. Die zentrale Lage hilft dabei, Waren leichter in andere Länder zu bringen.

Außerdem ist Deutschland ein wichtiger Teil der Europäischen Union (EU), einer Gruppe von Ländern, die in vielen Bereichen zusammenarbeiten. Deutschland hilft mit, Regeln zu machen, die den Frieden, die Sicherheit und den Wohlstand in Europa fördern. Die EU möchte, dass die Länder gut zusammenarbeiten, und Deutschland ist dabei sehr aktiv.

Das Klima in Deutschland kann sich je nach Region unterscheiden. Im Norden ist das Wetter oft kühl und feucht, während es im Süden, besonders im Sommer, wärmer sein kann. Diese Unterschiede im Wetter kommen durch die verschiedenen Landschaften und die Lage in Europa.

In Deutschland gibt es viele Städte, die bekannt sind für ihre Geschichte, Kultur und schönen Gebäude. Berlin, die Hauptstadt, ist ein Ort, an dem viele Menschen aus verschiedenen Ländern leben und arbeiten. Andere Städte wie München, Hamburg und Köln sind auch sehr beliebt bei Besuchern.

Zusammenfassend kann man sagen, dass Deutschlands Lage in der Mitte Europas viele Vorteile hat. Es ist ein Land, das viel zu bieten hat, von der Wirtschaft bis zur Kultur. Und seine zentrale Position macht es zu einem wichtigen Ort für die Zusammenarbeit in Europa.

2. Klimazonen und Wetterbedingungen

In Deutschland gibt es verschiedene Klimazonen, die das Wetter beeinflussen. Das Wetter kann sich ändern, je nachdem, wo man in Deutschland ist. Im Allgemeinen hat Deutschland ein gemäßigtes Klima. Das bedeutet, dass es im Sommer nicht zu heiß und im Winter nicht zu kalt wird. Aber es gibt Unterschiede zwischen den Regionen.

Im Norden von Deutschland ist das Klima oft maritim. Das heißt, dass das Wetter vom Meer beeinflusst wird. Die Winter sind dort mild und die Sommer kühl. Es regnet ziemlich oft, und manchmal weht ein starker Wind. Das Wetter kann schnell wechseln. Wenn man an die Nord- oder Ostsee fährt, sollte man also immer eine Regenjacke dabei haben!

In der Mitte und im Süden von Deutschland ist das Klima eher kontinental. Die Sommer können warm bis heiß sein, und es gibt oft schöne, sonnige Tage. Die Winter sind kälter als im Norden, und es kann Schnee geben. Besonders im Süden, in den Bergen, gibt es im Winter viel Schnee. Das ist toll für alle, die Ski oder Snowboard fahren möchten.

Im Frühling und Herbst kann das Wetter in ganz Deutschland sehr wechselhaft sein. Es gibt sonnige Tage, aber auch Regen und manchmal Sturm. Diese Jahreszeiten sind schön, weil alles anfängt zu blühen im Frühling oder weil die Blätter im Herbst bunt werden. Aber das Wetter kann auch überraschen, also ist es gut, immer eine Jacke dabei zu haben.

Das Klima in Deutschland ändert sich auch wegen des Klimawandels. Die Sommer werden heißer und trockener, und es gibt öfter extreme Wetterereignisse wie starke Regenfälle oder Stürme. Das ist eine Herausforderung für die Natur, die Landwirtschaft und die Städte.

Das Wetter in Deutschland kann also sehr verschieden sein. Es gibt Tage mit strahlendem Sonnenschein, aber auch Regen oder Schnee. Das macht das Wetter interessant, aber manchmal auch ein bisschen unberechenbar. Wenn man nach Deutschland reist oder dort lebt, ist es gut, auf alles vorbereitet zu sein. Aber egal, wie das Wetter ist, Deutschland ist immer ein schönes Land zu besuchen oder darin zu leben.

3. Bedeutende Landschaften und Naturwunder

Deutschland ist ein Land mit vielen verschiedenen Landschaften und Naturwundern. Von hohen Bergen bis zu weiten Wäldern und schönen Seen, es gibt viel zu entdecken. Diese Vielfalt macht Deutschland zu einem spannenden Ort für alle, die gerne in der Natur sind.

Die Alpen im Süden
Im Süden Deutschlands, ganz nah an Österreich und der Schweiz, liegen die Alpen. Die Alpen sind sehr hohe Berge, und einige Gipfel sind sogar mit Schnee bedeckt. Hier kann man wandern, klettern und im Winter Ski fahren. Der höchste Berg in Deutschland ist die Zugspitze. Von oben hat man eine wunderbare Aussicht über die Berge.

Der Schwarzwald
Der Schwarzwald ist ein großes Waldgebiet im Südwesten von Deutschland. Es ist bekannt für tiefe Wälder, klare Seen und schöne Dörfer. Im Schwarzwald kann man lange Spaziergänge machen und die Natur genießen. Es gibt auch viele Radwege. Eine besondere Sehenswürdigkeit im Schwarzwald ist der Titisee, ein sehr schöner See.

Die Nord- und Ostsee
Im Norden hat Deutschland zwei Meere: die Nordsee und die Ostsee. An der Küste gibt es lange Strände, wo man im Sommer baden und sich sonnen kann. Die Nordsee ist bekannt für ihre Inseln, wie Sylt oder Norderney. An der Ostsee gibt es viele Buchten und schöne Städte am Wasser, wie Lübeck oder Rostock. Das Wattenmeer der Nordsee ist ein Naturwunder, das man bei Ebbe erkunden kann.

Der Rhein und die Mosel

Der Rhein ist einer der größten Flüsse in Deutschland und fließt durch viele schöne Landschaften. Entlang des Rheins gibt es Burgen, Weinberge und historische Städte. Eine Bootsfahrt auf dem Rhein ist eine gute Möglichkeit, die Gegend zu sehen. Die Mosel ist ein kleinerer Fluss, aber auch sehr schön, mit vielen Kurven und steilen Weinbergen.

Das Sächsische Elbsandsteingebirge

Das Sächsische Elbsandsteingebirge, auch bekannt als die Sächsische Schweiz, liegt im Osten von Deutschland, nah an der Grenze zu Tschechien. Es ist berühmt für seine beeindruckenden Felsformationen und tiefen Schluchten. Hier kann man wandern und die spektakuläre Aussicht genießen.

Diese Landschaften und Naturwunder zeigen, wie schön und vielfältig Deutschland ist. Es gibt so viel zu sehen und zu tun, egal ob man gerne wandert, Rad fährt oder einfach nur die Natur genießt. Jede Region hat ihre eigenen Besonderheiten, und es lohnt sich, sie zu entdecken.

4. Umweltschutz und Nachhaltigkeit in Deutschland

Deutschland nimmt den Umweltschutz und die Nachhaltigkeit sehr ernst. Das Land arbeitet hart daran, die Natur zu schützen und gleichzeitig eine gute Zukunft für alle Menschen zu sichern. In diesem Abschnitt schauen wir uns an, was Deutschland tut, um grüner und nachhaltiger zu werden.

Recycling und Mülltrennung

Eines der bekanntesten Beispiele für Umweltschutz in Deutschland ist das Recycling. Die Menschen in Deutschland trennen ihren Müll sehr sorgfältig. Es gibt verschiedene Tonnen für Papier, Plastik, Glas und Restmüll. Durch diese Mülltrennung können viele Materialien wiederverwendet werden. Das spart Ressourcen und schützt die Umwelt.

Erneuerbare Energien

Deutschland ist auch führend im Bereich der erneuerbaren Energien. Das bedeutet, dass viel Strom aus Sonne, Wind und Wasser gewonnen wird. Diese Energiequellen sind besser für die Umwelt, weil sie nicht verschmutzen und nie ausgehen. Deutschland hat das Ziel, bis 2050 fast den ganzen Strom aus erneuerbaren Energien zu bekommen.

Öffentlicher Verkehr und Fahrradfahren

Um die Luft sauber zu halten, fördert Deutschland den öffentlichen Verkehr und das Fahrradfahren. Viele Städte haben gute Bus- und Bahnverbindungen. So ist es leicht, ohne Auto von einem Ort zum anderen zu kommen. Außerdem gibt es in vielen Städten Fahrradwege. Fahrradfahren ist nicht nur gut für die Umwelt, sondern auch für die Gesundheit.

Schutz der Natur

Deutschland hat viele Naturschutzgebiete und Nationalparks, wo Pflanzen und Tiere geschützt werden. In diesen Gebieten darf man oft nicht bauen oder nur auf bestimmten Wegen gehen. So haben seltene Tiere und Pflanzen einen sicheren Ort zum Leben. Der Schutz der Natur ist wichtig, damit auch zukünftige Generationen die Vielfalt der Umwelt erleben können.

Nachhaltiger Konsum
Viele Menschen in Deutschland achten auch darauf, nachhaltig zu konsumieren. Das bedeutet, dass sie Produkte kaufen, die umweltfreundlich hergestellt wurden. Zum Beispiel gibt es Lebensmittel aus biologischem Anbau oder Kleidung aus fairem Handel. Nachhaltiger Konsum hilft, die Umwelt zu schützen und sorgt für bessere Bedingungen für die Menschen, die diese Produkte herstellen.

Insgesamt zeigt Deutschland, dass Umweltschutz und Nachhaltigkeit möglich sind. Es gibt viele verschiedene Wege, wie man die Natur schützen und gleichzeitig ein gutes Leben führen kann. Jeder kann etwas dazu beitragen, zum Beispiel durch Recycling, die Nutzung von öffentlichen Verkehrsmitteln oder den Kauf von nachhaltigen Produkten. So arbeiten wir alle zusammen für eine bessere und grünere Zukunft.

Wortschatz: Geografie und Klima

Nomen

die Lage (-en): Wo sich ein Ort befindet.
Beispiel: Die Lage Deutschlands ist zentral in Europa.

das Nachbarland (-länder): Ein Land, das an ein anderes Land grenzt.
Beispiel: Österreich ist ein Nachbarland von Deutschland.

die Landschaft (-en): Das Aussehen und die Natur eines Gebiets.
Beispiel: Die Landschaft in Bayern ist sehr bergig.

die Nordsee, die Ostsee (Eigenname): Zwei große Meere im Norden von Deutschland.
Beispiel: Viele Menschen machen Urlaub an der Nordsee.

die Alpen (Eigenname): Eine große Gebirgskette in Europa.
Beispiel: Die Alpen sind bei Touristen beliebt zum Skifahren.

die Beziehung (-en): Eine Verbindung zwischen Menschen oder Ländern.
Beispiel: Deutschland hat eine gute Beziehung zu seinen Nachbarländern.

die Wirtschaftsbeziehung (-en): Die wirtschaftliche Verbindung zwischen Ländern.
Beispiel: Die Wirtschaftsbeziehung zwischen Deutschland und Frankreich ist sehr stark.

die Klimazone (-n): Ein Gebiet mit ähnlichem Klima.
Beispiel: Deutschland liegt in einer gemäßigten Klimazone.

die Bedingung (-en): Ein Faktor oder eine Voraussetzung.
Beispiel: Das Wetter ist eine wichtige Bedingung für die Landwirtschaft.

die Energie (-n): Kraft, die für verschiedene Tätigkeiten genutzt wird, z.B. Strom.
Beispiel: Solarzellen erzeugen Energie aus Sonnenlicht.

das Gebiet (-e): Ein bestimmter Bereich oder eine Region.
Beispiel: In diesem Gebiet gibt es viele Wälder.

das Naturschutzgebiet (-e): Ein Gebiet, das zum Schutz der Natur reserviert ist.
Beispiel: In einem Naturschutzgebiet darf man nicht zelten.

die Nachhaltigkeit (keine Pluralform): Wenn Ressourcen so genutzt werden, dass sie lange erhalten bleiben.
Beispiel: Nachhaltigkeit ist wichtig, um die Umwelt zu schützen.

Verben

grenzen an: Eine gemeinsame Grenze haben.
Beispiel: Deutschland grenzt an neun andere Länder.

beeinflussen (Akk.): Etwas hat eine Wirkung auf etwas anderes.
Beispiel: Das Klima beeinflusst die Landwirtschaft.

variieren: Unterschiedlich sein oder wechseln.
Beispiel: Die Temperaturen variieren stark im Frühling.

fördern: Unterstützen oder helfen, etwas zu entwickeln.
Beispiel: Deutschland fördert den Einsatz erneuerbarer Energien.

schützen: Vor Schaden bewahren.
Beispiel: Wir sollten die Wälder besser schützen.

trennen: In verschiedene Teile aufteilen.
Beispiel: In Deutschland ist es wichtig, den Müll zu trennen.

gewinnen: Etwas erzeugen, bekommen.
Beispiel: Aus Wind kann man Energie gewinnen.

erhalten: Etwas bekommen oder bewahren und pflegen.
Beispiel: Wir wollen die Natur für zukünftige Generationen erhalten.

konsumieren: Etwas verbrauchen oder nutzen.

Beispiel: Viele Menschen konsumieren täglich Energie.

Nomen + Verb

Lage bestimmen: Den genauen Ort festlegen.
Beispiel: Die Lage einer Stadt kann mit GPS bestimmt werden.

Handel betreiben: Produkte oder Waren kaufen und verkaufen.
Beispiel: Deutschland betreibt Handel mit vielen Ländern weltweit.

Waren transportieren: Produkte von einem Ort zum anderen bringen.
Beispiel: Viele Waren werden mit dem Zug transportiert.

Regeln machen: Vorschriften festlegen.
Beispiel: Die Regierung macht Regeln zum Schutz der Umwelt.

Energie erzeugen (oder Energie gewinnen): Energie herstellen.
Beispiel: Windräder erzeugen Energie aus Windkraft.

Müll recyceln: Abfall wiederverwerten.
Beispiel: In Deutschland wird viel Müll recycelt.

Umwelt schützen: Die Natur vor Schaden bewahren.
Beispiel: Wir sollten alle die Umwelt schützen.

Produkte wiederverwenden: Dinge erneut nutzen.
Beispiel: Glasflaschen kann man oft wiederverwenden.

Adjektive

verschieden: Nicht gleich, unterschiedlich.
Beispiel: In Deutschland gibt es verschiedene Landschaften.

kühl: Nicht warm, ein bisschen kalt.
Beispiel: Der Sommer im Norden ist oft kühl.

feucht: Mit viel Wasser in der Luft.
Beispiel: Das Klima an der Küste ist oft feucht.

kontinental: Mit starken Temperaturunterschieden zwischen Sommer und Winter.
Beispiel: In den Alpen gibt es ein kontinentales Klima.

maritim: Mit starkem Einfluss vom Meer.
Beispiel: Die Küstenregion hat ein maritimes Klima.

wechselhaft: Schnell ändernd.
Beispiel: Das Wetter im Frühling ist oft wechselhaft.

vielfältig: Mit vielen verschiedenen Arten oder Formen.
Beispiel: Die deutsche Natur ist sehr vielfältig.

erneuerbar: Kann immer wieder genutzt werden.
Beispiel: Sonnenenergie ist eine erneuerbare Energiequelle.

nachhaltig: Umweltfreundlich und zukunftsorientiert.
Beispiel: Nachhaltig zu leben schützt die Umwelt.

umweltfreundlich: Gut für die Natur.
Beispiel: Fahrradfahren ist umweltfreundlich.

fair: Gerecht und ohne Nachteile für andere.

Beispiel: Fairer Handel unterstützt kleine Betriebe.

geschützt: Vor Schaden bewahrt.
Beispiel: Die Umwelt sollte besser geschützt werden.

II.   GESELLSCHAFT UND KULTUR

5. Bevölkerungsstruktur und demographische Trends

In Deutschland leben viele Menschen, und die Bevölkerungsstruktur ist sehr interessant. Es gibt einige wichtige Trends und Veränderungen, die in den letzten Jahren passiert sind. In diesem Abschnitt schauen wir uns an, wie die Bevölkerung in Deutschland aufgebaut ist und welche demographischen Trends es gibt.

Anzahl der Menschen

Deutschland hat etwa 83 Millionen Einwohner. Das macht es zu einem der bevölkerungsreichsten Länder in Europa. Viele Menschen leben in großen Städten wie Berlin, Hamburg, München und Köln. Aber es gibt auch ländliche Gebiete, wo weniger Menschen leben.

Alter der Bevölkerung

Ein wichtiger Trend in Deutschland ist, dass die Bevölkerung immer älter wird. Das bedeutet, dass es mehr ältere Menschen und weniger junge Menschen gibt. Viele Menschen in Deutschland sind über 65 Jahre alt. Das kommt daher, dass die Menschen länger leben und weniger Kinder geboren werden. Diese Veränderung nennt man auch "demographischer Wandel".

Familien und Kinder

In Deutschland gibt es viele verschiedene Arten von Familien. Einige Familien haben viele Kinder, aber es gibt auch viele Ein-Kind-Familien oder Paare ohne Kinder. In den letzten Jahren entscheiden sich viele Menschen dafür, später im Leben Kinder zu bekommen. Das hat auch Einfluss auf die Bevölkerungsstruktur.

Migration

Ein weiterer wichtiger Faktor für die Bevölkerungsstruktur in Deutschland ist die Migration. Menschen aus vielen verschiedenen Ländern kommen nach Deutschland, um hier zu leben und zu arbeiten. Das macht die Bevölkerung vielfältiger. Menschen mit Migrationshintergrund bringen ihre Kulturen, Sprachen und Traditionen mit, was Deutschland zu einem bunten und interessanten Land macht.

Herausforderungen und Chancen

Die Veränderungen in der Bevölkerungsstruktur bringen sowohl Herausforderungen als auch Chancen mit sich. Eine Herausforderung ist zum Beispiel, genug Pflege und Unterstützung für die älteren Menschen zu haben. Aber es gibt auch Chancen, zum Beispiel durch die Vielfalt, die durch Migration entsteht. Deutschland arbeitet daran, gute Bedingungen für alle Menschen zu schaffen, egal wie alt sie sind oder woher sie kommen.

Die Bevölkerungsstruktur und die demographischen Trends sind in Deutschland sehr wichtig. Sie beeinflussen das Leben im Land in vielen Bereichen. Deutschland ist ein Land mit vielen verschiedenen Menschen, und diese Vielfalt macht es zu einem spannenden Ort zum Leben.

6. Deutsche Feiertage und Traditionen

In Deutschland gibt es viele Feiertage und Traditionen, die das ganze Jahr über gefeiert werden. Diese Traditionen sind ein wichtiger Teil der deutschen Kultur. Sie bringen Menschen zusammen und sorgen für festliche Stimmung. Ein sehr bekanntes Fest ist das Oktoberfest, aber es gibt noch viele andere Feiertage und Bräuche, die in Deutschland gefeiert werden.

Oktoberfest

Das Oktoberfest ist eines der größten und bekanntesten Volksfeste der Welt. Es findet in München statt und zieht jedes Jahr Millionen von Besuchern aus aller Welt an. Das Fest beginnt Ende September und dauert meist 16 bis 18 Tage. Auf dem Oktoberfest gibt es große Zelte, die von verschiedenen Münchner Brauereien aufgestellt werden. In diesen Zelten kann man traditionelles bayerisches Bier genießen, das in großen Maßkrügen serviert wird. Zum Essen gibt es typisch bayerische Gerichte wie Hendl (Brathähnchen), Brezn (Brezeln), Schweinshaxe (gebratene Schweinshaxen) und viele andere Leckereien. Die Menschen tragen oft traditionelle bayerische Kleidung, wie Dirndl für die Frauen und Lederhosen für die Männer. Es gibt auch viele Fahrgeschäfte, Spiele und Paraden, die das Oktoberfest zu einem Erlebnis für die ganze Familie machen.

Weihnachten

Weihnachten ist in Deutschland ein sehr wichtiges Fest. Die Vorbereitungen beginnen schon im Advent, der vier Wochen vor Weihnachten startet. Viele Familien haben einen Adventskranz mit vier Kerzen, von denen jede Woche eine mehr angezündet wird. Die Weihnachtsmärkte öffnen in dieser Zeit in fast jeder Stadt und bieten Glühwein, gebrannte Mandeln und viele Geschenkideen an.

Am Heiligen Abend, dem 24. Dezember, bescheren sich die Familien. Kinder freuen sich besonders auf diesen Tag, weil der Weihnachtsmann oder das Christkind kommt und Geschenke bringt. Die Familien verbringen den Abend oft zusammen, essen gemeinsam und singen Weihnachtslieder.

Ostern
Ostern ist ein weiterer wichtiger Feiertag in Deutschland. Es ist ein christliches Fest, das im Frühling gefeiert wird. Viele Familien bemalen Ostereier und verstecken sie zusammen mit Süßigkeiten für die Kinder im Garten oder im Haus. Am Ostersonntag gibt es oft ein großes Frühstück oder Mittagessen mit der Familie.

Tag der Deutschen Einheit
Der 3. Oktober ist der Tag der Deutschen Einheit. An diesem Tag wird die Wiedervereinigung Deutschlands im Jahr 1990 gefeiert. Es gibt viele offizielle Feierlichkeiten und Veranstaltungen, um an dieses wichtige Ereignis in der deutschen Geschichte zu erinnern.

Diese Feiertage und Traditionen zeigen, wie vielfältig die deutsche Kultur ist. Jeder Feiertag hat seine eigenen Bräuche und Speisen, die ihn besonders machen. Das Oktoberfest ist ein Highlight, das Menschen aus der ganzen Welt anzieht, aber auch die anderen Feiertage sind eine schöne Gelegenheit, Zeit mit Familie und Freunden zu verbringen und traditionelle deutsche Kultur zu erleben.

7. Kulinarische Spezialitäten Deutschlands

Deutschland ist bekannt für seine vielfältige und leckere Küche. Jede Region hat ihre eigenen Spezialitäten, die von herzhaften Gerichten bis zu süßen Leckereien reichen. In diesem Abschnitt werfen wir einen Blick auf einige der bekanntesten kulinarischen Spezialitäten, die man in Deutschland finden kann.

Bratwurst
Die Bratwurst ist eine der bekanntesten deutschen Spezialitäten. Es gibt viele verschiedene Arten von Bratwürsten, die sich in

Größe, Geschmack und Zutaten unterscheiden. Sie werden meist gegrillt oder gebraten und oft mit Senf und einem Brötchen serviert. Besonders in Thüringen und Franken ist die Bratwurst sehr beliebt.

Sauerkraut

Sauerkraut ist ein traditionelles deutsches Gericht, das aus fermentiertem Weißkohl besteht. Es hat einen leicht sauren Geschmack und wird oft als Beilage zu Fleischgerichten wie Schweinebraten oder Würstchen serviert. Sauerkraut ist nicht nur lecker, sondern auch sehr gesund.

Brezeln

Die Brezel ist ein typisch deutsches Gebäck, das besonders in Süddeutschland beliebt ist. Sie hat eine einzigartige knötchenförmige Form und wird oft mit grobem Salz bestreut. Brezeln sind besonders lecker, wenn sie frisch und noch warm sind. Sie sind ein beliebter Snack zu Bier oder einfach zwischendurch.

Schnitzel

Das Schnitzel ist ein Klassiker der deutschen Küche. Es besteht aus dünn geklopftem Fleisch, meist Schwein oder Huhn, das paniert und dann gebraten wird. Am bekanntesten ist das Wiener Schnitzel, das eigentlich aus Österreich kommt, aber auch in Deutschland sehr beliebt ist. Es wird oft mit Zitronenscheiben, Kartoffelsalat oder Pommes frites serviert.

Käsespätzle

Käsespätzle sind ein traditionelles Gericht aus dem Süden Deutschlands. Spätzle sind eine Art Nudeln, die mit viel Käse und manchmal auch Röstzwiebeln gemischt werden. Dieses Gericht ist sehr sättigend und wird oft in der kalten Jahreszeit gegessen.

Schwarzwälder Kirschtorte

Die Schwarzwälder Kirschtorte ist eine berühmte deutsche Torte, die aus mehreren Schichten Schokoladenbiskuit besteht, die mit Kirschen, Sahne und Kirschwasser gefüllt sind. Die Torte ist sehr reichhaltig und wird oft zu besonderen Anlässen serviert.

Apfelstrudel

Obwohl der Apfelstrudel ursprünglich aus Österreich stammt, ist er auch in Deutschland sehr beliebt. Er besteht aus dünnem Teig, der mit einer Füllung aus Äpfeln, Zucker, Zimt und oft auch Rosinen gefüllt und dann gerollt und gebacken wird. Apfelstrudel wird warm serviert, oft mit Vanillesauce oder Eiscreme.

Diese Spezialitäten sind nur ein kleiner Ausschnitt der deutschen Küche, die für ihre Vielfalt und ihren Geschmack bekannt ist. Wenn man durch Deutschland reist, lohnt es sich, die regionalen Gerichte zu probieren und die kulinarische Vielfalt des Landes zu entdecken.

8. Kunst, Musik und Literatur: Ein kultureller Überblick

Deutschland hat eine reiche Geschichte in Kunst, Musik und Literatur, die bis heute großen Einfluss auf die Kultur des Landes hat. In diesem Abschnitt werfen wir einen Blick auf einige der wichtigsten Beiträge Deutschlands zu diesen Bereichen und entdecken, wie sie die deutsche Kultur geprägt haben.

Kunst

Deutschland hat viele berühmte Künstler hervorgebracht, deren Werke weltweit bekannt sind. Im Bereich der Malerei sind Albrecht Dürer, Caspar David Friedrich und Max Ernst nur einige der

Namen, die für ihre beeindruckenden Kunstwerke bekannt sind. Die deutschen Künstler haben verschiedene Stile und Epochen geprägt, von der Renaissance bis zur modernen Kunst.

In Deutschland gibt es zahlreiche Museen und Galerien, die die Werke deutscher und internationaler Künstler ausstellen. Die Museumsinsel in Berlin und das Städel Museum in Frankfurt sind nur zwei Beispiele, wo man die Vielfalt der deutschen Kunstgeschichte entdecken kann.

Musik

Deutschland hat eine besonders starke Tradition in der klassischen Musik. Komponisten wie Johann Sebastian Bach, Ludwig van Beethoven und Richard Wagner sind weltberühmt. Ihre Musik wird heute noch in Konzertsälen auf der ganzen Welt gespielt. Deutschland ist auch die Heimat vieler berühmter Orchester und Opernhäuser, wie die Berliner Philharmoniker und die Semperoper in Dresden.

Aber auch in der modernen Musik hat Deutschland einiges zu bieten. Bands wie Kraftwerk und Rammstein haben internationale Bekanntheit erlangt und die Musikszene weit über die Grenzen Deutschlands hinaus beeinflusst.

Literatur

Die deutsche Literatur ist reich und vielfältig. Von den Märchen der Brüder Grimm bis zu den philosophischen Werken von Friedrich Nietzsche, die deutsche Literatur hat viele Facetten. Johann Wolfgang von Goethe und Thomas Mann sind zwei der bekanntesten deutschen Schriftsteller, deren Werke als Meisterwerke der Weltliteratur gelten.

Im 20. Jahrhundert haben Autoren wie Franz Kafka und Bertolt Brecht mit ihren innovativen Schreibstilen und tiefgründigen

Themen die Literaturwelt beeinflusst. Heute setzt sich die deutsche Literaturszene mit Autoren wie Herta Müller, die den Nobelpreis für Literatur erhalten hat, und anderen zeitgenössischen Schriftstellern fort.

Einfluss auf die Kultur
Kunst, Musik und Literatur spielen eine wichtige Rolle in der deutschen Kultur. Sie spiegeln die Geschichte und die gesellschaftlichen Veränderungen des Landes wider und bieten einen tiefen Einblick in die Seele der deutschen Gesellschaft. Festivals, Konzerte und Lesungen sind in ganz Deutschland beliebt und bieten eine Plattform für den Austausch und die Feier der kulturellen Vielfalt.

Deutschland hat einen unschätzbaren Beitrag zur Welt der Kunst, Musik und Literatur geleistet. Diese kulturellen Schätze sind ein wichtiger Teil des deutschen Erbes und werden von Generation zu Generation weitergegeben, um die Schönheit und Tiefe der deutschen Kultur zu bewahren und zu feiern.

9. Sport und Freizeitaktivitäten

Sport ist ein wichtiger Teil des Alltags vieler Menschen in Deutschland. Es gibt viele verschiedene Sportarten, die man ausüben kann. Die Deutschen nehmen gerne an Freizeitaktivitäten teil, um fit zu bleiben und Spaß zu haben. In diesem Abschnitt werfen wir einen Blick auf einige der beliebtesten Sportarten und Freizeitaktivitäten in Deutschland.

Fußball
Fußball ist die mit Abstand beliebteste Sportart in Deutschland. Fast jedes Wochenende füllen sich die Stadien mit Fans, die ihre

Lieblingsmannschaften anfeuern. Die Bundesliga, die höchste Spielklasse im deutschen Fußball, zieht Millionen von Zuschauern sowohl im Stadion als auch vor dem Fernseher an. Viele Menschen spielen auch selbst Fußball, sei es in Vereinen oder mit Freunden auf öffentlichen Plätzen.

Wandern und Radfahren

Deutschland bietet eine wunderschöne Landschaft, die perfekt für Outdoor-Aktivitäten wie Wandern und Radfahren ist. Es gibt Tausende von Kilometern an markierten Wanderwegen und Radwegen, die durch Wälder, Berge und entlang von Flüssen führen. Beliebte Regionen zum Wandern sind der Schwarzwald, der Bayerische Wald und die Sächsische Schweiz. Radfahren ist ebenfalls eine beliebte Freizeitbeschäftigung, und viele Städte haben Fahrradwege, die das Radfahren sicher und angenehm machen.

Wintersport

In den Wintermonaten genießen viele Deutsche Wintersportarten wie Ski- und Snowboardfahren. Die Alpen und das Erzgebirge bieten hervorragende Bedingungen für diese Sportarten. Es gibt viele Skigebiete mit Pisten für Anfänger und Fortgeschrittene. Langlaufen und Schlittenfahren sind ebenfalls beliebte Aktivitäten in den schneebedeckten Landschaften.

Schwimmen und Wassersport

Deutschland hat viele Seen und Küsten, die ideal für Schwimmen und Wassersport sind. Im Sommer zieht es viele Menschen an die Strände der Nord- und Ostsee, um zu schwimmen, zu segeln oder Windsurfen zu gehen. Auch die vielen Seen in Deutschland bieten gute Möglichkeiten für Wassersport, Kanufahren oder einfach nur zum Entspannen am Wasser.

Fitnessstudios und Yoga

Fitnessstudios sind in ganz Deutschland verbreitet, und viele Menschen nutzen sie regelmäßig, um sich fit zu halten. Es gibt eine Vielzahl von Kursen, von Aerobic bis Zumba, die für alle Altersgruppen und Fitnessniveaus geeignet sind. Yoga und Pilates sind ebenfalls beliebte Aktivitäten, die helfen, den Körper zu stärken und gleichzeitig für Entspannung sorgen.

Mannschaftssportarten und Vereinsleben

Neben Fußball gibt es viele andere Mannschaftssportarten, die in Deutschland beliebt sind, wie Handball, Basketball und Volleyball. Viele Menschen sind Mitglieder in Sportvereinen, wo sie nicht nur Sport treiben, sondern auch Teil einer Gemeinschaft werden. Das Vereinsleben ist ein wichtiger Aspekt des sozialen Lebens in Deutschland und fördert den Zusammenhalt und die Freundschaft zwischen den Mitgliedern.

Sport und Freizeitaktivitäten sind ein wichtiger Teil der deutschen Kultur. Sie bieten die Möglichkeit, aktiv zu bleiben, neue Leute kennenzulernen und die schöne Natur Deutschlands zu genießen. Ob man nun in einem Team spielt, alleine durch die Berge wandert oder einfach nur im Park joggt, es gibt für jeden Geschmack und jedes Interesse die passende Aktivität.

10. Deutsche Etikette und soziale Normen

In Deutschland gibt es bestimmte Etikette-Regeln und soziale Normen, die im täglichen Leben eine wichtige Rolle spielen. Diese Regeln helfen dabei, das Zusammenleben zu erleichtern und gegenseitigen Respekt zu fördern. Hier sind einige der wichtigsten Aspekte der deutschen Etikette und sozialen Normen, die man kennen sollte.

Grüßen und Begrüßen

In Deutschland gibt es regionale Unterschiede, wie Menschen einander begrüßen. Im Norden sagt man häufig "Moin", während man im Süden oft mit "Servus" oder "Grüß Gott" angesprochen wird. In anderen Regionen sind Begrüßungen wie "Hallo" oder "Hi" üblich, besonders in informellen Kontexten.

Unabhängig von der Region ist es in formellen Situationen üblich, sich mit einem Händedruck zu begrüßen. Dies gilt gleichermaßen für Männer und Frauen. Dabei nennt man seinen vollen Namen und verwendet höflich den Titel der Person, falls vorhanden.

In informellen Situationen, etwa unter Freunden, genügt oft ein einfaches "Hallo", "Hi" oder die regional typische Begrüßung. Wichtig ist, in einer Gruppe jeden einzeln zu begrüßen oder zu verabschieden, um Wertschätzung zu zeigen.

Pünktlichkeit

Pünktlichkeit wird in Deutschland sehr ernst genommen. Zu spät zu kommen wird oft als unhöflich und respektlos angesehen. Ob es sich um geschäftliche Termine, Verabredungen mit Freunden oder sogar um private Feiern handelt, es wird erwartet, dass man pünktlich erscheint. Wenn man weiß, dass man sich verspäten wird, ist es wichtig, Bescheid zu sagen.

Privatsphäre und Distanz

Deutsche legen großen Wert auf ihre Privatsphäre und persönlichen Raum. Es ist nicht üblich, zu persönliche Fragen zu stellen oder über private Angelegenheiten zu sprechen, besonders nicht mit Menschen, die man nicht gut kennt. Auch körperliche Distanz wird in Gesprächen gewahrt, und es ist unüblich, jemanden ohne Erlaubnis zu berühren.

Warten in der Schlange

In Deutschland wird erwartet, dass man sich anstellt und geduldig wartet, sei es an der Kasse im Supermarkt, an Bushaltestellen oder beim Einsteigen in den Zug. Drängeln oder sich vordrängeln wird als sehr unhöflich angesehen.

Essensetikette

Bei gemeinsamen Mahlzeiten ist es üblich, mit dem Essen zu warten, bis alle bedient sind. Vor dem Essen sagt man "Guten Appetit" als Zeichen, dass man anfängt zu essen. Es wird erwartet, dass man Besteck benutzt und beim Essen den Mund geschlossen hält. Das getrennte Zahlen der Rechnung in Restaurants ist üblich, besonders unter Freunden.

Lärm

Deutsche sind sehr lärmempfindlich, besonders in Wohngebieten. Es gibt Ruhezeiten, die unbedingt eingehalten werden sollten, wie die Mittagsruhe und die Nachtruhe. Laute Musik, Partys oder auch lautes Sprechen sollten während dieser Zeiten vermieden werden.

Mülltrennung und Umweltschutz

Mülltrennung wird in Deutschland ernst genommen. Es gibt verschiedene Behälter für Papier, Plastik, Glas und Restmüll, und es wird erwartet, dass jeder seinen Müll entsprechend trennt. Umweltschutz ist ein wichtiges Thema, und Recycling wird als Teil der gesellschaftlichen Verantwortung angesehen.

Diese Regeln und Normen sind ein integraler Bestandteil des Lebens in Deutschland. Sie fördern ein respektvolles Miteinander und helfen dabei, Missverständnisse zu vermeiden. Wenn man diese Etikette und sozialen Normen befolgt, wird das Zusammenleben und die Integration in die deutsche Gesellschaft erleichtert.

Wortschatz: Gesellschaft und Kultur

Nomen

die Bevölkerungsstruktur (-en): Wie viele junge und alte Menschen in einem Land leben.
Beispiel: Die Bevölkerungsstruktur in der Stadt ist jung.

der demographische Trend (-s): Wie sich die Anzahl der Menschen verändert.
Beispiel: Der demographische Trend zeigt, dass mehr Menschen in die Stadt ziehen.

der Einwohner, die Einwohnerin: Eine Person, die in einem Land oder einer Stadt lebt.
Beispiel: Berlin hat viele Einwohner.

die Migration (-en): Wenn Menschen in ein anderes Land gehen.
Beispiel: Die Migration nach Deutschland ist hoch.

die Herausforderung (-en): Etwas, das schwierig ist.
Beispiel: Deutsch lernen ist eine Herausforderung.

der Feiertag (-e): Ein besonderer Tag, an dem die Leute oft frei haben.
Beispiel: Der 3. Oktober ist ein Feiertag in Deutschland.

das Fest (-e): Eine große Feier.
Beispiel: In der Stadt gibt es ein Sommerfest.

die Feier (-n): Ein Treffen zum Feiern, zum Beispiel ein Geburtstag.
Beispiel: Die Feier am Sonntag war sehr schön.

das Oktoberfest (Eigenname): Ein großes Fest in München im Herbst.
Beispiel: Viele Touristen besuchen das Oktoberfest.

die Bratwurst (-würste): Eine Wurst, die man brät oder grillt.
Beispiel: In Deutschland isst man gerne Bratwurst.

das Sauerkraut (-kraute): Ein Gericht aus Kohl, das sauer ist.
Beispiel: Sauerkraut passt gut zu Bratwurst.

die Brezel (-n): Ein salziges Gebäck.
Beispiel: Ich esse gern eine Brezel zum Frühstück.

das Schnitzel (=): Ein dünnes, paniertes Fleischstück.
Beispiel: Schnitzel ist ein beliebtes Essen in Deutschland.

die Käsespätzle (keine Singularform): Nudeln mit viel Käse.
Beispiel: Käsespätzle sind in Süddeutschland beliebt.

der Apfelstrudel (=): Ein Dessert mit Äpfeln und Teig.
Beispiel: Apfelstrudel schmeckt mit Vanillesoße.

die Kunst (Künste): Bilder oder Skulpturen, die Menschen machen.
Beispiel: Die Kunst in diesem Museum ist schön.

die Literatur (keine Pluralform): Bücher und Texte.
Beispiel: Goethe ist ein bekannter Autor der deutschen Literatur.

die Freizeitaktivität (-en): Etwas, das man in der Freizeit macht, z. B. Sport.
Beispiel: Wandern ist eine beliebte Freizeitaktivität.

die Etikette (keine Pluralform): Regeln für gutes Benehmen.

Beispiel: In Deutschland ist Pünktlichkeit wichtig in der Etikette.

die Norm (-en): Eine Regel, wie sich Menschen verhalten.
Beispiel: In Deutschland ist es eine Norm, sich beim Betreten eines Raums zu begrüßen.

Verben

leben: Irgendwo existieren.
Beispiel: Viele Menschen leben in großen Städten.

altern: Älter werden.
Beispiel: Die Bevölkerung in Deutschland altert.

feiern: Ein Fest machen.
Beispiel: Die Leute feiern das Neujahr mit Freunden.

tragen (Kleidung): Kleidung anhaben.
Beispiel: Auf dem Oktoberfest tragen viele Menschen traditionelle Kleidung.

genießen: Etwas sehr mögen.
Beispiel: Sie genießen das leckere Essen.

beeinflussen: Eine Wirkung auf etwas haben.
Beispiel: Das Wetter kann die Stimmung beeinflussen.

prägen: Eine starke Wirkung haben oder etwas formen.
Beispiel: Traditionen prägen die Kultur eines Landes.

ausüben (Beruf): Regelmäßig machen, z. B. eine Arbeit.
Beispiel: Herr Müller übt den Beruf des Arztes aus.

Nomen + Verb

Trends folgen: Neueste Entwicklungen beachten.
Beispiel: Viele Menschen folgen Modetrends.

Familie gründen: Eine Familie beginnen.
Beispiel: Viele Paare möchten eine Familie gründen.

Kinder bekommen: Babys haben.
Beispiel: Die Ehefrau möchte bald Kinder bekommen.

Feste feiern: Zusammen feiern.
Beispiel: Die Menschen feiern das Weihnachtsfest.

Traditionen bewahren: Alte Bräuche behalten.
Beispiel: Viele Menschen möchten ihre Traditionen bewahren.

Gerichte zubereiten: Essen kochen.
Beispiel: Auf dem Fest werden viele Gerichte zubereitet.

Kunstwerke schaffen: Etwas Künstlerisches erschaffen.
Beispiel: Künstler schaffen Kunstwerke für Museen.

Literatur verfassen: Bücher schreiben.
Beispiel: Goethe hat viele Bücher verfasst.

Sport treiben: Sport machen.
Beispiel: Viele Menschen treiben Sport.

Normen respektieren: Regeln einhalten.
Beispiel: Man sollte die sozialen Normen eines Landes respektieren.

Adjektive

bevölkerungsreich: Mit vielen Menschen.
Beispiel: Deutschland ist ein bevölkerungsreiches Land.

bunt: Viele Farben.
Beispiel: Die Kostüme auf dem Fest sind bunt.

herausfordernd: Schwierig.
Beispiel: Eine neue Sprache lernen ist herausfordernd.

festlich: Passend zum Feiern.
Beispiel: Die Straßen sind festlich dekoriert.

bekannt: Viele Menschen wissen davon.
Beispiel: Der Kölner Dom ist sehr bekannt.

lecker / köstlich: Schmeckt gut.
Beispiel: Die Bratwurst ist lecker. Die Bratwurst ist köstlich.

reichhaltig: Enthält viel.
Beispiel: Das Frühstück ist reichhaltig.

berühmt: Von vielen Menschen gekannt.
Beispiel: Beethoven ist berühmt.

einflussreich: Hat eine starke Wirkung auf andere.
Beispiel: Martin Luther war einflussreich.

gesellig: Gerne mit anderen zusammen sein.
Beispiel: Auf Festen sind die Leute gesellig.

höflich: Zeigt Respekt.
Beispiel: In Deutschland ist Höflichkeit wichtig.

respektvoll: Zeigt Anerkennung und Achtung.
Beispiel: Man sollte anderen gegenüber respektvoll sein.

III. POLITISCHES SYSTEM UND RECHT

11. Das politische System der Bundesrepublik

Deutschland ist eine parlamentarische Demokratie, was bedeutet, dass das politische System auf dem Prinzip der Trennung der Gewalten basiert: der Legislative (gesetzgebende Gewalt), der Exekutive (ausführende Gewalt) und der Judikative (rechtssprechende Gewalt). In diesem Abschnitt schauen wir uns die verschiedenen Elemente des politischen Systems in Deutschland genauer an.

Bundestag und Bundesrat

Der Bundestag ist das deutsche Parlament und die wichtigste gesetzgebende Körperschaft. Die Mitglieder des Bundestages, auch Abgeordnete genannt, werden alle vier Jahre von den Bürgern Deutschlands gewählt. Der Bundestag ist verantwortlich für die Verabschiedung von Gesetzen, die den Alltag der Menschen in Deutschland beeinflussen.

Neben dem Bundestag gibt es den Bundesrat, der die 16 Bundesländer vertritt. Der Bundesrat ist an der Gesetzgebung beteiligt, besonders bei Gesetzen, die die Interessen der Bundesländer betreffen. Die Mitglieder des Bundesrates sind nicht direkt gewählt, sondern sind Mitglieder der Landesregierungen.

Der Bundespräsident

Der Bundespräsident ist das Staatsoberhaupt Deutschlands. Seine Rolle ist größtenteils repräsentativ, und er hat weniger politische Macht als der Bundeskanzler. Der Bundespräsident wird von der Bundesversammlung gewählt, die aus den Mitgliedern des Bundestages und Vertretern der Bundesländer besteht. Der

Bundespräsident unterzeichnet Gesetze und vertritt Deutschland bei offiziellen Anlässen.

Der Bundeskanzler

Der Bundeskanzler ist der Regierungschef und hat die meiste politische Macht. Er oder sie wird vom Bundestag gewählt und ist verantwortlich für die Führung der Regierung. Der Bundeskanzler bestimmt die Richtlinien der Politik und arbeitet eng mit den Ministern zusammen, um die Regierungsarbeit zu koordinieren.

Die politischen Parteien

In Deutschland gibt es mehrere politische Parteien, die unterschiedliche politische Richtungen und Interessen vertreten. Die wichtigsten Parteien sind die Christlich Demokratische Union (CDU), die Sozialdemokratische Partei Deutschlands (SPD), Die Grünen, die Freie Demokratische Partei (FDP), die Linkspartei und die Alternative für Deutschland (AfD). Bei Wahlen haben Bürger die Möglichkeit, ihre Vertreter in den Bundestag und die Landtage zu wählen.

Die Rolle der Judikative

Die Judikative oder rechtssprechende Gewalt wird durch unabhängige Gerichte ausgeübt. Das Bundesverfassungsgericht ist das höchste Gericht und überwacht die Einhaltung der Verfassung, dem Grundgesetz. Es kann Gesetze für verfassungswidrig erklären und schützt die Grundrechte der Bürger.

Das politische System in Deutschland zielt darauf ab, ein faires und demokratisches Zusammenleben zu gewährleisten. Durch Wahlen haben die Bürger die Möglichkeit, Einfluss auf die Politik zu nehmen. Die Trennung der Gewalten sorgt dafür, dass keine Institution zu viel Macht hat und die Rechte der Bürger geschützt werden.

12. Wichtige Gesetze und rechtliche Vorschriften für Einwanderer

Wenn man nach Deutschland einwandert, ist es wichtig, die Gesetze und rechtlichen Vorschriften zu kennen, die für Einwanderer gelten. Diese Regeln helfen dabei, sich im neuen Land zurechtzufinden und Probleme zu vermeiden. Hier sind einige der wichtigsten Gesetze und Vorschriften, die Einwanderer in Deutschland beachten sollten.

Aufenthaltsgenehmigung und Visum
Für den Aufenthalt in Deutschland benötigen die meisten Einwanderer aus Nicht-EU-Ländern ein Visum. Es gibt verschiedene Arten von Visa, je nachdem, warum man nach Deutschland kommt – zum Beispiel für Arbeit, Studium oder Familienzusammenführung. Nach der Ankunft in Deutschland muss man eine Aufenthaltserlaubnis beantragen, die den Grund und die Dauer des Aufenthalts regelt.

Anmeldung beim Einwohnermeldeamt
Jeder, der in Deutschland wohnt, muss sich innerhalb von zwei Wochen nach dem Umzug beim lokalen Einwohnermeldeamt anmelden. Dafür braucht man einen gültigen Ausweis und einen Mietvertrag oder eine Wohnungsgeberbestätigung. Die Anmeldung ist wichtig, um offiziell in Deutschland zu leben und Zugang zu Dienstleistungen wie Bankkonten oder Krankenversicherung zu bekommen.

Krankenversicherung
In Deutschland ist es gesetzlich vorgeschrieben, eine Krankenversicherung zu haben. Es gibt zwei Arten von Krankenversicherungen: die gesetzliche und die private Krankenversicherung. Die meisten Menschen sind gesetzlich versichert. Einwanderer

müssen sich bei einer Krankenkasse anmelden, um den vollen Umfang des deutschen Gesundheitssystems nutzen zu können.

Arbeitsrecht

Wenn man in Deutschland arbeiten möchte, ist es wichtig, die Regeln des Arbeitsrechts zu kennen. Dazu gehören Arbeitszeiten, Urlaubsanspruch und Kündigungsschutz. Arbeitnehmer haben Rechte, die sie vor unfairer Behandlung am Arbeitsplatz schützen. Es ist auch wichtig zu wissen, dass man für die meisten Jobs eine Arbeitserlaubnis braucht, die oft zusammen mit der Aufenthaltserlaubnis erteilt wird.

Steuerpflicht

Jeder, der in Deutschland arbeitet und Einkommen erzielt, ist steuerpflichtig. Das bedeutet, dass man einen Teil seines Einkommens an den Staat abgeben muss. Die Höhe der Steuern hängt vom Einkommen ab. Arbeitnehmer müssen eine Steuererklärung abgeben, in der sie ihr Einkommen und mögliche Abzüge angeben.

Integration und Sprache

Einwanderer werden ermutigt, an Integrationskursen teilzunehmen, die Deutschunterricht und Informationen über die deutsche Gesellschaft, Kultur und Rechtsordnung umfassen. Die Beherrschung der deutschen Sprache ist ein wichtiger Schritt zur Integration und erleichtert das tägliche Leben sowie den Zugang zu Arbeit und Bildung.

Diese Gesetze und Vorschriften sind nur ein Teil dessen, was Einwanderer in Deutschland beachten müssen. Es ist hilfreich, sich gut zu informieren und bei Bedarf professionelle Beratung zu suchen. So kann man sicherstellen, dass man alle notwendigen Schritte unternimmt, um erfolgreich in Deutschland zu leben und zu arbeiten.

13. Aufenthaltsrecht und Staatsangehörigkeit

Das Thema Aufenthaltsrecht und Staatsangehörigkeit ist besonders wichtig für Menschen, die nach Deutschland einwandern möchten oder bereits hier leben. Es gibt verschiedene Regeln und Verfahren, die bestimmen, wie man ein Aufenthaltsrecht erhält und was man tun muss, um die deutsche Staatsangehörigkeit zu bekommen. In diesem Abschnitt erklären wir diese Themen genauer.

Aufenthaltsrecht

Das Aufenthaltsrecht in Deutschland hängt von vielen Faktoren ab, wie zum Beispiel dem Herkunftsland, dem Grund für die Einwanderung und der Dauer des geplanten Aufenthalts. Bürger aus EU-Ländern haben das Recht, in Deutschland zu leben und zu arbeiten, ohne ein spezielles Visum zu beantragen. Für Menschen aus Nicht-EU-Ländern ist die Situation komplizierter. Sie müssen oft vor ihrer Ankunft in Deutschland ein Visum beantragen, das zu einer Aufenthaltserlaubnis führen kann.

Es gibt verschiedene Arten von Aufenthaltserlaubnissen, zum Beispiel für Studium, Arbeit oder Familienzusammenführung. Diese Erlaubnisse sind oft befristet, können aber unter bestimmten Voraussetzungen verlängert werden. Um eine unbefristete Aufenthaltserlaubnis oder Niederlassungserlaubnis zu erhalten, muss man in der Regel mehrere Jahre in Deutschland gelebt und bestimmte Bedingungen erfüllt haben, wie zum Beispiel ausreichende Deutschkenntnisse und einen gesicherten Lebensunterhalt.

Staatsangehörigkeit

Die deutsche Staatsangehörigkeit zu erhalten ist ein Prozess, der als Einbürgerung bekannt ist. Um eingebürgert zu werden, muss man in der Regel mindestens acht Jahre rechtmäßig in Deutschland gelebt haben, über ausreichende Deutschkenntnisse verfügen, einen Lebensunterhalt ohne Sozialhilfe sichern können und ein Bekenntnis zur deutschen Rechtsordnung ablegen. Außerdem darf man keine schwerwiegenden Straftaten begangen haben. Kinder, die in Deutschland geboren werden, erhalten unter bestimmten Bedingungen automatisch die deutsche Staatsangehörigkeit. Dies gilt, wenn mindestens ein Elternteil seit mindestens acht Jahren rechtmäßig in Deutschland lebt und ein unbefristetes Aufenthaltsrecht besitzt.

Doppelte Staatsangehörigkeit
In einigen Fällen ist es möglich, die deutsche Staatsangehörigkeit zu erlangen, ohne die ursprüngliche Staatsangehörigkeit aufzugeben, was als doppelte Staatsangehörigkeit bekannt ist. Dies hängt von den Gesetzen des Herkunftslandes und den Umständen der Einbürgerung ab. Deutschland erlaubt die doppelte Staatsangehörigkeit unter bestimmten Bedingungen, zum Beispiel für Bürger anderer EU-Länder oder wenn das Herkunftsland die Entlassung aus der Staatsangehörigkeit nicht erlaubt.

Das Aufenthaltsrecht und die Staatsangehörigkeit sind komplexe Themen, und es ist wichtig, sich gut zu informieren und gegebenenfalls rechtliche Hilfe in Anspruch zu nehmen. Das Erlangen der deutschen Staatsangehörigkeit ist ein bedeutender Schritt, der viele Rechte und Pflichten mit sich bringt, aber auch die volle Teilhabe am gesellschaftlichen Leben in Deutschland ermöglicht.

14. Wahlrecht und politische Teilhabe

In Deutschland ist das Wahlrecht ein wichtiger Teil der Demokratie. Es gibt den Menschen die Möglichkeit, an der Gestaltung ihres Landes mitzuwirken. In diesem Abschnitt erklären wir, wie das Wahlrecht in Deutschland funktioniert und wie man sich politisch beteiligen kann.

Wer darf wählen?

In Deutschland dürfen alle Bürgerinnen und Bürger wählen, die mindestens 18 Jahre alt sind. Dies gilt für die Bundestagswahlen, bei denen die Abgeordneten des deutschen Parlaments gewählt werden. Um bei Kommunalwahlen wählen zu dürfen, muss man in der Regel mindestens 16 Jahre alt sein, und auch EU-Bürger, die in Deutschland leben, dürfen an diesen Wahlen teilnehmen. Für die Wahl des Bundespräsidenten gibt es eine Besonderheit: Sie wird nicht direkt von den Bürgern, sondern von der Bundesversammlung vorgenommen, die aus Mitgliedern des Bundestages und Vertretern der Bundesländer besteht.

Wie funktioniert die Wahl?

Das deutsche Wahlsystem ist eine Kombination aus Mehrheits- und Verhältniswahlrecht. Bei der Bundestagswahl hat jeder Wähler zwei Stimmen: die Erststimme für die Wahl eines Direktkandidaten im Wahlkreis und die Zweitstimme für eine politische Partei. Die Erststimme entscheidet über die direkten Abgeordneten des Bundestages, während die Zweitstimme darüber bestimmt, wie stark die Parteien im Parlament vertreten sind.

Politische Teilhabe

Neben dem Wählen gibt es in Deutschland viele andere Möglichkeiten, politisch aktiv zu sein. Man kann sich einer politischen Partei anschließen, in Bürgerinitiativen mitarbeiten oder an Demonstrationen und öffentlichen Diskussionen teilnehmen. Viele Menschen engagieren sich auch in lokalen Vereinen oder Organisationen, die sich mit Themen wie Umweltschutz, sozialer Gerechtigkeit oder Bildung beschäftigen.

Bedeutung der politischen Teilhabe

Die politische Teilhabe ist wichtig, weil sie den Bürgern die Möglichkeit gibt, ihre Meinung auszudrücken und Einfluss auf Entscheidungen zu nehmen, die ihr Leben betreffen. Durch das Wählen und andere Formen der Beteiligung können die Menschen ihre Interessen vertreten und zur Stärkung der Demokratie beitragen.

Herausforderungen und Chancen

Obwohl das Wahlrecht und die Möglichkeiten zur politischen Teilhabe in Deutschland gut etabliert sind, gibt es immer noch Herausforderungen. Dazu gehört die Frage, wie man sicherstellt, dass alle Bevölkerungsgruppen gleichberechtigten Zugang zu politischen Informationen und Beteiligungsmöglichkeiten haben. Gleichzeitig bieten die digitalen Medien neue Chancen für die politische Kommunikation und Teilhabe, zum Beispiel durch Online-Petitionen oder soziale Netzwerke.

Das Wahlrecht und die politische Teilhabe sind zentrale Säulen der deutschen Demokratie. Sie ermöglichen es den Bürgern, an der Gestaltung ihrer Gesellschaft mitzuwirken und ihre Zukunft aktiv mitzugestalten. Durch die Beteiligung am politischen Prozess können die Menschen ihre Rechte wahrnehmen und zur Entwicklung ihres Landes beitragen.

Wortschatz: Politisches System und Recht

Nomen

die Gewalt (-en): In der Politik bezeichnet "Gewalt" die Macht, wichtige Aufgaben im Staat zu erfüllen.
Beispiel: Die gesetzgebende Gewalt (Legislative) macht die Gesetze.

die Legislative (-en): Gruppe, die die Gesetze macht.
Beispiel: Die Legislative verabschiedet neue Gesetze.

die Exekutive (-en): Gruppe, die die Gesetze ausführt.
Beispiel: Die Exekutive sorgt dafür, dass die Gesetze befolgt werden.

die Judikative (-en): Gruppe, die die Gesetze kontrolliert.
Beispiel: Die Judikative überprüft, ob die Gesetze richtig sind.

der Bundestag: Das deutsche Parlament.
Beispiel: Der Bundestag beschließt neue Gesetze.

der Bundesrat (-räte): Die Vertretung der Bundesländer in Deutschland.
Beispiel: Der Bundesrat stimmt über das neue Gesetz ab.

der Bundespräsident (-en): Das Staatsoberhaupt in Deutschland.
Beispiel: Der Bundespräsident hält eine Rede zum Feiertag.

der Bundeskanzler (=): Der Regierungschef in Deutschland.
Beispiel: Der Bundeskanzler spricht über die Politik des Landes.

die Partei (-en): Eine Gruppe mit ähnlichen politischen Zielen.
Beispiel: Viele Menschen wählen eine Partei bei der Wahl.

das Bundesverfassungsgericht (-e): Das höchste Gericht in Deutschland.
Beispiel: Das Bundesverfassungsgericht schützt das Grundgesetz.

die Aufenthaltsgenehmigung (-en): Erlaubnis, in einem Land zu leben.
Beispiel: Sie braucht eine Aufenthaltsgenehmigung für Deutschland.

die Anmeldung (-en): Offizielle Registrierung bei einer Behörde.
Beispiel: Er macht seine Anmeldung im Rathaus.

die Krankenversicherung (-en): Versicherung für Gesundheitskosten.
Beispiel: In Deutschland muss man eine Krankenversicherung haben.

das Arbeitsrecht (-e): Regeln für die Arbeit und Arbeitsplätze.
Beispiel: Das Arbeitsrecht schützt die Rechte der Arbeiter.
die Steuerpflicht (-en): Pflicht, Steuern zu zahlen.
Beispiel: In Deutschland hat jeder die Steuerpflicht.

die Einbürgerung (-en): Prozess, um die deutsche Staatsangehörigkeit zu bekommen.
Beispiel: Nach der Einbürgerung ist sie Deutsche.

die Staatsangehörigkeit (-en): Die Zugehörigkeit zu einem Staat.
Beispiel: Er hat die deutsche Staatsangehörigkeit.

die Wahl (-en): Abstimmung, bei der Bürger ihre Vertreter wählen.
Beispiel: Die nächste Wahl findet im Herbst statt.

die Teilhabe (-en): Mitmachen und Einfluss haben.
Beispiel: Teilhabe am politischen Leben ist wichtig.

Verben

wählen: Bei der Wahl für jemanden stimmen.
Beispiel: Viele Menschen wählen eine neue Regierung.

vertreten (im Sinne von repräsentieren): Für eine Gruppe sprechen.
Beispiel: Er vertritt die Interessen seiner Partei.

verabschieden (Gesetze): Ein neues Gesetz beschließen.
Beispiel: Der Bundestag verabschiedet ein neues Gesetz.

regieren: Ein Land führen und leiten.
Beispiel: Die Regierung regiert das Land.

teilnehmen an (Dat.): Bei etwas mitmachen.
Beispiel: Er nimmt an der Wahl teil.

beantragen: Offiziell um etwas bitten.
Beispiel: Sie beantragt eine Aufenthaltsgenehmigung.

unterzeichnen: Etwas offiziell unterschreiben.
Beispiel: Der Präsident unterzeichnet das Gesetz.

sich engagieren für (Akk.): Sich aktiv einsetzen.
Beispiel: Viele Menschen engagieren sich für Umweltschutz.

beitragen zu (Dat.): Helfen oder unterstützen.
Beispiel: Sie möchte zur Gemeinschaft beitragen.

ermöglichen: Etwas möglich machen.
Beispiel: Das neue Gesetz ermöglicht mehr Rechte für Bürger.

Nomen + Verb

Interessen vertreten: Für die Wünsche einer Gruppe sprechen.
Beispiel: Die Partei vertritt die Interessen der Bürger.

eine Partei gründen: Eine neue politische Gruppe starten.
Beispiel: Sie möchten eine neue Partei gründen.

ein Visum beantragen: Offiziell um ein Visum bitten.
Beispiel: Er beantragt ein Visum für Deutschland.

zur Wahl gehen: An der Wahl teilnehmen.
Beispiel: Sie geht zur Wahl und gibt ihre Stimme ab.

die Staatsangehörigkeit erlangen / erwerben: Bürger eines Landes werden.
Beispiel: Sie erlangt die deutsche Staatsangehörigkeit/ Sie erwirb die deutsche Staatsangehörigkeit.

Rechte wahrnehmen: Seine Rechte nutzen.
Beispiel: Jeder soll seine Rechte wahrnehmen können.

Einfluss nehmen auf (Akk.): Auf etwas wirken.
Beispiel: Er möchte auf die Politik Einfluss nehmen.

eine Rede halten: Vor anderen sprechen.
Beispiel: Der Kanzler hält eine Rede.

Adjektive

parlamentarisch: Gehört zum Parlament.
Beispiel: Deutschland hat ein parlamentarisches System.

repräsentativ: Steht für eine Gruppe.
Beispiel: Das Parlament ist repräsentativ für das Volk.

gesetzgebend: Etwas, das neue Gesetze macht.
Beispiel: Die gesetzgebende Gewalt ist der Bundestag.
ausführend: Etwas, das die Gesetze ausführt.
Beispiel: Die ausführende Gewalt ist die Regierung.

rechtssprechend: Urteilt über die Gesetze.
Beispiel: Die rechtsprechende Gewalt ist die Judikative.

unabhängig: Nicht beeinflusst von anderen.
Beispiel: Die Gerichte sollen unabhängig sein.

befristet: Mit einem Ende nach einer bestimmten Zeit.
Beispiel: Er hat eine befristete Aufenthaltsgenehmigung.

unbefristet: Ohne festgelegtes Ende.
Beispiel: Sie hat eine unbefristete Arbeitserlaubnis.

rechtlich: Gesetzlich, durch das Gesetz geregelt.
Beispiel: Er hat rechtliche Fragen zu seinem Vertrag.

verpflichtend: Etwas muss gemacht werden.
Beispiel: In Deutschland ist die Krankenversicherung verpflichtend.

teilhabend: Nimmt aktiv teil.
Beispiel: Sie sind teilhabend am politischen System.

IV. WIRTSCHAFT UND ARBEIT

15. Die deutsche Wirtschaft: Ein Überblick

Deutschland hat eine der größten und stärksten Wirtschaften der Welt. Es ist bekannt für seine Industrie, Technologie und hohe Qualität der Produkte. In diesem Abschnitt werfen wir einen Blick auf die wichtigsten Aspekte der deutschen Wirtschaft und was sie so besonders macht.

Industrie und Export
Ein großer Teil der deutschen Wirtschaft basiert auf der Industrie. Deutschland ist besonders berühmt für seinen Automobilsektor. Marken wie Volkswagen, BMW und Mercedes-Benz sind weltweit bekannt und stehen für Qualität und Innovation. Aber nicht nur Autos werden in Deutschland hergestellt. Maschinenbau, chemische Produkte und Elektrotechnik sind ebenfalls wichtige Industriezweige.

Deutschland ist auch ein führendes Exportland. Das bedeutet, dass viele Produkte, die in Deutschland hergestellt werden, in andere Länder verkauft werden. Dies hilft der deutschen Wirtschaft sehr, weil es für viele Arbeitsplätze sorgt und viel Geld ins Land bringt.

Mittelstand
Ein besonderes Merkmal der deutschen Wirtschaft ist der sogenannte Mittelstand. Das sind kleine und mittelgroße Unternehmen, die oft familiengeführt sind. Viele dieser Unternehmen sind Weltmarktführer in speziellen Bereichen und werden als "Hidden Champions" bezeichnet. Der Mittelstand ist das Rückgrat der deutschen Wirtschaft, weil er für viele Arbeitsplätze sorgt und sehr flexibel auf Veränderungen reagieren kann.

Technologie und Forschung

Deutschland investiert viel in Technologie und Forschung. Es gibt viele Universitäten und Forschungsinstitute, die an neuen Technologien arbeiten. Dies führt zu Innovationen in vielen Bereichen, wie zum Beispiel erneuerbare Energien, Medizintechnik und digitale Technologien. Diese Innovationskraft hilft der deutschen Wirtschaft, konkurrenzfähig zu bleiben.

Soziale Marktwirtschaft

Die deutsche Wirtschaft basiert auf dem Prinzip der sozialen Marktwirtschaft. Das bedeutet, dass der Staat in die Wirtschaft eingreift, um sicherzustellen, dass sie fair und gerecht ist. Zum Beispiel gibt es Gesetze, die die Rechte der Arbeiter schützen, und Systeme, die dafür sorgen, dass auch Menschen, die arbeitslos sind, unterstützt werden. Dieses System hilft dabei, die Unterschiede zwischen reichen und armen Menschen kleiner zu machen.

Herausforderungen

Obwohl die deutsche Wirtschaft sehr stark ist, gibt es auch Herausforderungen. Dazu gehören: der Klimawandel, der demografische Wandel und die Digitalisierung. Deutschland arbeitet an Lösungen für diese Probleme, um auch in Zukunft erfolgreich zu sein.

Zusammenfassend lässt sich sagen, dass die deutsche Wirtschaft durch ihre starke Industrie, den erfolgreichen Mittelstand und die hohe Innovationskraft gekennzeichnet ist. Die soziale Marktwirtschaft sorgt dafür, dass die Wirtschaft nicht nur wächst, sondern auch gerecht ist. Trotz einiger Herausforderungen steht Deutschland wirtschaftlich sehr gut da und ist ein wichtiger Teil der globalen Wirtschaft.

16. Arbeitssuche in Deutschland: Tipps und Strategien

Bei der Suche nach einer Arbeitsstelle in Deutschland stehen Bewerberinnen und Bewerber vor vielen Herausforderungen. Der Arbeitsmarkt in Deutschland ist vielfältig und bietet zahlreiche Möglichkeiten in verschiedenen Branchen. Um die Chancen auf eine erfolgreiche Arbeitssuche zu erhöhen, ist es wichtig, die richtigen Strategien zu kennen und anzuwenden. Folgende Tipps können dabei helfen, eine passende Stelle zu finden.

Anpassung des Lebenslaufs und des Anschreibens
Der erste Schritt zu einer erfolgreichen Bewerbung ist die Anpassung des Lebenslaufs und des Anschreibens an den deutschen Standard. In Deutschland wird Wert auf eine klare, strukturierte Darstellung der beruflichen Laufbahn und Qualifikationen gelegt. Der Lebenslauf sollte chronologisch aufgebaut sein und alle relevanten Stationen umfassen. Im Anschreiben ist es wichtig, auf die spezifische Stelle einzugehen, für die man sich bewirbt, und zu erläutern, warum man die geeignete Person für diese Position ist. Es empfiehlt sich, beide Dokumente auf Deutsch zu verfassen, sofern nicht explizit eine andere Sprache gefordert ist.

Nutzung von Online-Jobbörsen
In Deutschland gibt es eine Vielzahl von Online-Jobbörsen, die bei der Suche nach einer passenden Stelle helfen können. Plattformen wie die Bundesagentur für Arbeit, Indeed, StepStone und LinkedIn bieten umfangreiche Stellenanzeigen in allen möglichen Bereichen. Es ist sinnvoll, regelmäßig diese Seiten zu besuchen und nach neuen Anzeigen zu suchen, die den eigenen Qualifikationen und Interessen entsprechen. Die meisten Plattformen ermöglichen es auch, ein Profil anzulegen und den Lebenslauf hochzuladen, sodass Arbeitgeber direkt Kontakt aufnehmen können.

Aktives Netzwerken

Netzwerken ist ein wesentlicher Bestandteil der Arbeitssuche in Deutschland. Das Knüpfen von Kontakten in der eigenen Branche kann Türen öffnen und Möglichkeiten aufzeigen, die über herkömmliche Bewerbungswege nicht sichtbar sind. Fachmessen, Konferenzen und Branchentreffen bieten gute Gelegenheiten, um berufliche Kontakte zu knüpfen. Auch Online-Netzwerke wie LinkedIn sind hilfreich, um sich mit Fachleuten zu vernetzen und sichtbar zu machen.

Weiterbildung und Qualifikationen

Eine Möglichkeit, die eigenen Chancen auf dem Arbeitsmarkt zu verbessern, ist die Teilnahme an Weiterbildungen oder die Erlangung zusätzlicher Qualifikationen. In Deutschland wird lebenslanges Lernen geschätzt. Viele Arbeitgeber sehen zusätzliche Qualifikationen als Zeichen für Engagement und die Bereitschaft zur persönlichen Entwicklung. Besonders Sprachkurse können für Nicht-Muttersprachler von Vorteil sein, da gute Deutschkenntnisse oft eine Grundvoraussetzung für die Einstellung sind.

Geduld und Ausdauer

Die Arbeitssuche kann zeitintensiv sein und erfordert Geduld und Ausdauer. Es ist wichtig, nicht nach den ersten Absagen aufzugeben und weiterhin aktiv nach passenden Stellen zu suchen. Feedback von abgelehnten Bewerbungen kann genutzt werden, um die eigenen Unterlagen zu verbessern und die Strategie bei Bedarf anzupassen.

Mit einer gut durchdachten Strategie, der Bereitschaft zur Weiterbildung und dem aktiven Aufbau eines beruflichen Netzwerks können Bewerberinnen und Bewerber ihre Chancen auf eine erfolgreiche Arbeitssuche in Deutschland deutlich verbessern.

17. Anerkennung ausländischer Qualifikationen

Wenn Personen aus dem Ausland nach Deutschland kommen und hier arbeiten möchten, ist manchmal die Anerkennung ihrer ausländischen Qualifikationen (z.B. Ärzte) ein wichtiger Schritt. In Deutschland gibt es spezielle Verfahren, um sicherzustellen, dass Berufsabschlüsse und -qualifikationen, die im Ausland erworben wurden, richtig bewertet und anerkannt werden. Dieser Prozess kann die Chancen auf dem Arbeitsmarkt verbessern und ist für einige Berufe notwendig. Im Folgenden werden einige wichtige Informationen zum Thema Anerkennung ausländischer Qualifikationen erläutert.

Warum ist die Anerkennung wichtig?
Die Anerkennung ausländischer Qualifikationen ist vor allem deshalb wichtig, weil sie bestätigt, dass die im Ausland erworbenen Abschlüsse den deutschen Standards entsprechen. Für einige Berufe, insbesondere in regulierten Berufen wie Medizin, Rechtswesen oder Lehrberufen, ist die Anerkennung zwingend erforderlich, um in Deutschland arbeiten zu können. Aber auch für nicht-regulierte Berufe kann die Anerkennung hilfreich sein, da sie die beruflichen Möglichkeiten erweitert und Arbeitgebern die Gleichwertigkeit der Qualifikationen verdeutlicht.

Wie funktioniert der Anerkennungsprozess?
Der Anerkennungsprozess beginnt mit der Antragstellung bei der zuständigen Stelle. Dies kann je nach Beruf die Industrie- und Handelskammer, die Handwerkskammer oder eine spezielle Behörde für regulierte Berufe sein. Zum Antrag gehören in der Regel Unterlagen wie Zeugnisse, Diplome und gegebenenfalls Nachweise über Berufserfahrung. Oft müssen diese Dokumente übersetzt und beglaubigt sein.

Nach der Einreichung der Unterlagen prüft die zuständige Stelle, ob die ausländischen Qualifikationen den deutschen Standards entsprechen. Falls Unterschiede festgestellt werden, können weitere Schritte erforderlich sein, wie zum Beispiel Anpassungsqualifizierungen, Praktika oder Prüfungen.

Unterstützung und Beratung

Es gibt verschiedene Anlaufstellen, die Unterstützung und Beratung bei der Anerkennung ausländischer Qualifikationen bieten. Das Portal "Anerkennung in Deutschland" ist eine zentrale Informationsquelle, die über den Anerkennungsprozess informiert und hilft, die zuständige Stelle zu finden. Auch die Bundesagentur für Arbeit und lokale Beratungszentren bieten Unterstützung und können Fragen zum Anerkennungsverfahren beantworten.

Finanzielle Förderung

Die Kosten für den Anerkennungsprozess und eventuelle Anpassungsqualifizierungen können eine Herausforderung darstellen. Es gibt jedoch finanzielle Fördermöglichkeiten, wie das Anerkennungszuschussprogramm, das dabei helfen kann, diese Kosten zu decken.

Die Anerkennung ausländischer Qualifikationen ist ein wichtiger Schritt für die berufliche Integration in Deutschland. Obwohl der Prozess komplex und manchmal langwierig sein kann, verbessert er die Arbeitsmarktchancen erheblich. Mit den richtigen Informationen, Unterstützung und gegebenenfalls finanzieller Hilfe ist es möglich, diesen Prozess erfolgreich zu durchlaufen.

18. Arbeitsrecht und Arbeitsbedingungen

In Deutschland gibt es klare Regeln und Gesetze, die das Arbeitsrecht und die Arbeitsbedingungen regeln. Diese Gesetze sind dazu da, um einen fairen und sicheren Arbeitsplatz für alle zu garantieren. Sie betreffen verschiedene Aspekte des Arbeitslebens, von der Arbeitszeit bis hin zum Kündigungsschutz. In diesem Abschnitt werfen wir einen Blick darauf, was man über das Arbeitsrecht und die Arbeitsbedingungen in Deutschland wissen sollte.

Arbeitsvertrag
Der Arbeitsvertrag ist die Grundlage für das Arbeitsverhältnis zwischen Arbeitgeber und Arbeitnehmer. In ihm werden wichtige Details wie die Art der Arbeit, das Gehalt, die Arbeitszeiten und die Urlaubstage festgelegt. In Deutschland ist es üblich, dass der Arbeitsvertrag schriftlich verfasst wird, obwohl auch mündliche Vereinbarungen rechtlich bindend sind. Es ist wichtig, den Vertrag sorgfältig zu lesen und zu verstehen, bevor man ihn unterschreibt.

Arbeitszeit
Die reguläre Arbeitszeit in Deutschland beträgt in der Regel nicht mehr als 48 Stunden pro Woche. Viele Menschen arbeiten jedoch kürzer, oft rund 40 Stunden pro Woche. Zusätzlich sind Pausen gesetzlich vorgeschrieben, deren Länge von der Arbeitszeit abhängt. Überstunden sind ebenfalls geregelt und müssen in der Regel vergütet oder durch Freizeit ausgeglichen werden.

Urlaub
Jeder Arbeitnehmer in Deutschland hat Anspruch auf bezahlten Urlaub. Die gesetzliche Mindestanzahl an Urlaubstagen beträgt 20 Tage pro Jahr bei einer Fünf-Tage-Woche, viele Tarifverträge und Arbeitsverträge sehen jedoch mehr Urlaubstage vor.

Kündigungsschutz

Das deutsche Arbeitsrecht bietet einen starken Kündigungsschutz. Das bedeutet, dass Arbeitgeber bestimmte Gründe haben müssen, um einen Arbeitnehmer zu entlassen, und die Kündigung muss schriftlich erfolgen. Es gibt auch Fristen, die eingehalten werden müssen. In manchen Fällen haben Arbeitnehmer das Recht, gegen die Kündigung vor Gericht zu gehen.

Gleichbehandlung

Diskriminierung am Arbeitsplatz ist in Deutschland gesetzlich verboten. Das betrifft Ungleichbehandlung aufgrund von Geschlecht, Alter, Herkunft, Religion, Behinderung oder sexueller Orientierung. Arbeitgeber müssen dafür sorgen, dass alle Mitarbeiter fair behandelt werden.

Arbeitssicherheit

Die Sicherheit am Arbeitsplatz ist ein weiterer wichtiger Aspekt des deutschen Arbeitsrechts. Arbeitgeber sind verpflichtet, für sichere Arbeitsbedingungen zu sorgen und Risiken zu minimieren. Dazu gehören auch regelmäßige Schulungen und die Bereitstellung der notwendigen Schutzausrüstung.

Das deutsche Arbeitsrecht zielt darauf ab, einen Ausgleich zwischen den Interessen von Arbeitgebern und Arbeitnehmern zu schaffen. Es bietet Schutz und Sicherheit für Arbeitnehmer, stellt aber auch Anforderungen an sie. Wer in Deutschland arbeitet, sollte sich mit den wichtigsten Aspekten des Arbeitsrechts vertraut machen, um seine Rechte und Pflichten zu kennen.

19. Selbstständigkeit und Unternehmertum

In Deutschland entscheiden sich viele Menschen für den Weg in die Selbstständigkeit oder gründen ihr eigenes Unternehmen. Dies kann eine spannende Möglichkeit sein, eigene Ideen zu verwirklichen und unabhängig zu arbeiten. Doch der Weg in die Selbstständigkeit ist mit vielen Herausforderungen verbunden und erfordert gute Planung sowie Kenntnisse über die rechtlichen Rahmenbedingungen. Hier sind einige wichtige Informationen für alle, die in Deutschland ein eigenes Geschäft starten möchten.

Geschäftsidee und Planung

Der erste Schritt in die Selbstständigkeit ist eine gute Geschäftsidee. Es ist wichtig, dass diese Idee gut durchdacht und geplant wird. Ein Businessplan hilft nicht nur dabei, die eigene Idee zu strukturieren, sondern ist auch notwendig, um Finanzierungen oder Fördermittel zu erhalten. Im Businessplan sollten der Geschäftszweck, die Zielgruppe, der Markt, die Finanzplanung und die Strategie für die Umsetzung klar dargestellt werden.

Rechtsform wählen

In Deutschland gibt es verschiedene Rechtsformen, die für selbstständige Tätigkeiten oder Unternehmensgründungen infrage kommen. Die Wahl der Rechtsform hängt von verschiedenen Faktoren ab, wie zum Beispiel der Größe des Unternehmens, der Haftung und der Steuer. Beliebte Rechtsformen für Kleinunternehmer und Freiberufler sind das Einzelunternehmen und die Gesellschaft bürgerlichen Rechts (GbR). Für größere Unternehmen kommen die GmbH (Gesellschaft mit beschränkter Haftung) oder die AG (Aktiengesellschaft) in Betracht.

Anmeldung und Genehmigungen

Bevor man mit der Geschäftstätigkeit beginnen kann, muss das Unternehmen bei den zuständigen Behörden angemeldet werden. Dazu gehört in der Regel die Anmeldung beim Gewerbeamt der Stadt oder Gemeinde. Je nach Art des Geschäfts können auch spezielle Genehmigungen oder Lizenzen erforderlich sein. Es ist wichtig, sich frühzeitig über die notwendigen Schritte zu informieren.

Steuern und Sozialversicherung

Selbstständige müssen sich um ihre Steuern und Sozialversicherungen selbst kümmern. Dazu gehört die Einkommensteuer, die Umsatzsteuer und gegebenenfalls die Gewerbesteuer. Außerdem müssen Selbstständige für ihre soziale Absicherung sorgen, zum Beispiel durch die freiwillige Mitgliedschaft in der gesetzlichen Rentenversicherung oder durch private Vorsorge.

Netzwerke und Beratung

Der Aufbau eines Netzwerks und die Inanspruchnahme von Beratungsangeboten können für den Erfolg als Selbstständiger oder Unternehmer entscheidend sein. In Deutschland gibt es viele Beratungsstellen, die Unterstützung bei der Gründung und Führung eines Unternehmens bieten. Dazu gehören die Industrie- und Handelskammern (IHK), Handwerkskammern und spezielle Gründerzentren.

Selbstständigkeit und Unternehmertum bieten in Deutschland viele Chancen, sind aber auch mit Verantwortung und Risiko verbunden. Eine sorgfältige Planung, die richtige Rechtsform und die Nutzung von Beratungsangeboten können dabei helfen, erfolgreich ein eigenes Geschäft zu führen.

Wortschatz: Wirtschaft und Arbeit

Nomen

der Mittelstand (-stände): Die Gruppe von Unternehmen mittlerer Größe.
Beispiel: Der Mittelstand ist wichtig für die Wirtschaft.

die Forschung (-en): Die Suche nach neuen Informationen und Wissen.
Beispiel: In der Forschung lernen Wissenschaftler viel über Krankheiten.

die Marktwirtschaft (-en): System, in dem Preise durch Angebot und Nachfrage bestimmt werden.
Beispiel: In einer Marktwirtschaft kann jeder ein Unternehmen gründen.

der Lebenslauf (-läufe): Ein Dokument, das die Ausbildung und Berufserfahrung einer Person zeigt.
Beispiel: Im Lebenslauf stehen alle meine vorherigen Jobs.

das Netzwerk (-e): Eine Gruppe von Personen oder Firmen, die sich gegenseitig unterstützen.
Beispiel: Ich habe viele Kontakte in meinem beruflichen Netzwerk.

die Anerkennung (-en): Wenn etwas offiziell akzeptiert wird.
Beispiel: Die Anerkennung meiner Qualifikationen ist wichtig für meinen Job.

das Verfahren (-): ein Konzept oder eine bestimmte Art, etwas zu tun oder zu organisieren.
Beispiel: Das Verfahren zur Anmeldung ist einfach.

die Behörde (-n): Eine offizielle Stelle, die Aufgaben im Staat hat.
Beispiel: Ich muss zur Behörde, um meinen Ausweis zu verlängern.

die Berufserfahrung (-en): Die Erfahrung, die man in einem Job hat.
Beispiel: Ich habe fünf Jahre Berufserfahrung in der IT-Branche.

das Arbeitsrecht (-e): Die Gesetze, die die Arbeit und die Rechte der Arbeitnehmer regeln.
Beispiel: Das Arbeitsrecht schützt die Rechte der Mitarbeiter.

der Arbeitsvertrag (ä, -e): Ein Dokument, das die Bedingungen für einen Job beschreibt.
Beispiel: Ich habe meinen Arbeitsvertrag unterschrieben.

die Selbstständigkeit (-en): Wenn man ein eigenes Unternehmen hat.
Beispiel: Sofia hat ihre Selbstständigkeit gewählt und verkauft selbstgemachte Brötchen auf dem Markt.

das Unternehmertum (kein Plural): Die Tätigkeit von Menschen, die Unternehmen gründen und führen.
Beispiel: Unternehmertum ist spannend, weil man eigene Ideen umsetzen kann.

die Rechtsform (-en): Die Form eines Unternehmens (z.B. GmbH, AG).
Beispiel: Die Rechtsform meines Unternehmens ist eine GmbH.

die Anmeldung (-en): Der Prozess, sich offiziell für etwas zu registrieren.
Beispiel: Die Anmeldung für den Kurs ist bis Freitag möglich.

Verben

basieren auf: Etwas hat seine Grundlage oder Herkunft in etwas anderem.
Beispiel: Mein Plan basiert auf einer Idee von meinem Freund.

herstellen: Etwas produzieren oder machen.
Beispiel: Die Firma stellt Autos her.

anerkennen: Etwas offiziell akzeptieren oder wertschätzen.
Beispiel: Die Universität wird mein ausländisches Diplom anerkennen, sodass ich hier studieren kann.

beantragen: Offiziell um etwas bitten, z.B. ein Dokument oder eine Erlaubnis.
Beispiel: Ich möchte ein Visum beantragen.

überprüfen: Etwas kontrollieren oder testen.
Beispiel: Der Lehrer überprüft die Hausaufgaben.

verbessern: Etwas besser machen.
Beispiel: Ich möchte meine Englischkenntnisse verbessern.

vergüten: Der Job ist mit 10 000 Euro pro Monat vergütet.

Nomen + Verb

Produkte herstellen: Etwas produzieren oder machen, z.B. Waren.
Beispiel: Die Firma stellt hochwertige Produkte her.

Waren exportieren: Produkte in ein anderes Land verkaufen.
Beispiel: Die Firma exportiert ihre Waren nach Europa.

Qualifikationen anerkennen lassen: Offiziell bestätigen, dass die eigenen Fähigkeiten und Abschlüsse gültig sind.
Beispiel: Ich möchte meine Qualifikationen in Deutschland anerkennen lassen.

einen Antrag stellen: Offiziell um etwas bitten, z.b. um eine Erlaubnis oder Unterstützung.
Beispiel: Ich habe einen Antrag auf Stipendium gestellt.

Dokumente überprüfen: Etwas kontrollieren oder nachsehen, ob alles richtig ist.
Beispiel: Der Chef überprüft die Dokumente vor der Besprechung.

einen Lebenslauf anpassen: Den Lebenslauf ändern, um ihn besser für eine Bewerbung zu machen.
Beispiel: Ich passe meinen Lebenslauf für die Bewerbung an.

sich um eine Stelle bewerben: Offiziell nach einem Job fragen oder sich vorstellen.
Beispiel: Ich bewerbe mich um eine Stelle als Verkäufer.

eine Plattform nutzen: Eine Webseite oder App verwenden, um etwas zu tun, z.B. Produkte verkaufen.
Beispiel: Ich nutze eine Plattform, um meine alte Kleidung zu verkaufen.

einen Vertrag unterschreiben: Ein Dokument bestätigen, dass man die Bedingungen akzeptiert.
Beispiel: Ich muss einen Vertrag mit dem neuen Mitarbeiter unterschreiben.

Arbeitszeiten regeln: Festlegen, wann und wie lange man arbeitet.
Beispiel: Wir regeln die Arbeitszeiten im Team.

ein Unternehmen gründen: Ein neues Geschäft oder Firma starten.
Beispiel: Ich möchte in Zukunft ein Unternehmen gründen.

sich selbstständig machen: eine eigene Firma gründen.
Beispiel: Viele Menschen machen sich selbstständig, um unabhängiger zu sein.

Adjektive

weltweit bekannt: In vielen Ländern bekannt.
Beispiel: Die Marke BMW ist weltweit bekannt für ihre Qualität.

erfolgreich: Wenn man viel erreicht hat oder Erfolg hat.
Beispiel: Sie ist eine erfolgreiche Geschäftsfrau.

regelmäßig: Etwas passiert oft und zu bestimmten Zeiten.
Beispiel: Ich gehe regelmäßig ins Fitnessstudio.

beruflich: Mit dem Beruf oder Job zu tun habend.
Beispiel: Ich habe viele berufliche Kontakte.

ausländisch: Aus einem anderen Land.
Beispiel: Ich habe viele ausländische Freunde.

erforderlich: Notwendig oder wichtig.
Beispiel: Ein Führerschein ist für diesen Job erforderlich.

gleichwertig: Von gleicher Bedeutung oder Wert.
Beispiel: Die beiden Abschlüsse sind gleichwertig.
sicher: Ohne Gefahr; man kann sich darauf verlassen.
Beispiel: Das ist eine sichere Entscheidung.

spannend: Interessant und aufregend.
Beispiel: Der Film war sehr spannend.

unabhängig: Nicht von anderen abhängig; selbstständig.
Beispiel: Er möchte unabhängig von seinen Eltern leben.

herausfordernd: Schwierig, aber es macht Spaß, es zu versuchen.
Beispiel: Der neue Job ist herausfordernd, aber ich lerne viel.

V. BILDUNG UND SPRACHE

20. Das deutsche Bildungssystem

Das deutsche Bildungssystem ist vielfältig und bietet zahlreiche Möglichkeiten für Lernende aller Altersgruppen. Es ist darauf ausgerichtet, Kindern, Jugendlichen und auch Erwachsenen eine breite Palette an Wissen und Fähigkeiten zu vermitteln. In diesem Abschnitt werden die verschiedenen Stufen des Bildungssystems in Deutschland erläutert.

Bildung für kleine Kinder
In Deutschland beginnt das Bildungssystem mit der Bildung für kleine Kinder. Diese findet in Kindergärten (Kitas) oder bei Tagesmüttern statt. Es ist nicht vorgeschrieben, eine Kita zu besuchen, aber viele Kinder gehen ab drei Jahren bis zur Einschulung dorthin. In diesen Einrichtungen lernen die Kinder spielerisch und entwickeln dabei ihre sozialen und geistigen Fähigkeiten.

Grundschule
Mit sechs Jahren beginnt die Schulpflicht in Deutschland. Kinder besuchen zuerst die Grundschule, die vier Jahre dauert (in einigen Bundesländern sechs Jahre). In der Grundschule lernen die Kinder die Grundlagen in Fächern wie Deutsch, Mathematik, Sachkunde, Kunst und Sport. Am Ende der Grundschulzeit werden Empfehlungen für die weiterführende Schule ausgesprochen.

Weiterführende Schulen
Nach der Grundschule wechseln die Schülerinnen und Schüler auf eine weiterführende Schule. Hier gibt es verschiedene Schulformen: das Gymnasium, die Realschule, die Hauptschule und die Gesamtschule. Das Gymnasium führt in der Regel zum Abitur, dem höchsten Schulabschluss, nach zwölf oder dreizehn

Schuljahren. Die Realschule endet nach der 10. Klasse mit dem mittleren Schulabschluss. Die Hauptschule bereitet auf berufliche Ausbildungen vor und endet meistens nach der 9. Klasse. Gesamtschulen bieten oft alle Abschlüsse unter einem Dach an.

Berufsausbildung

Neben dem Weg über die weiterführenden Schulen gibt es in Deutschland das duale Ausbildungssystem. Hierbei verbringen die Auszubildenden einen Teil ihrer Zeit in einem Unternehmen und lernen praktisch in ihrem zukünftigen Beruf. Den anderen Teil der Zeit verbringen sie in der Berufsschule, wo sie theoretisches Wissen erwerben. Diese Ausbildungen dauern in der Regel zwei bis drei Jahre.

Hochschulbildung

Nach dem Abschluss der Schule oder einer Ausbildung können die Absolventen ein Studium an einer Universität oder Fachhochschule aufnehmen. Deutschland bietet eine breite Palette an Studiengängen in verschiedenen Fachrichtungen. Das Studium führt zu akademischen Graden wie dem Bachelor, Master oder Doktor.

Weiterbildung

Das deutsche Bildungssystem unterstützt auch das lebenslange Lernen. Es gibt viele Möglichkeiten für Erwachsene, sich weiterzubilden, sei es durch Abendkurse, Fernstudien oder berufliche Weiterbildungen. Diese Angebote ermöglichen es, neue Fähigkeiten zu erlernen oder bestehende Kenntnisse zu vertiefen.

Das deutsche Bildungssystem bietet eine gute Grundlage für die persönliche und berufliche Entwicklung. Es will jedem die Chance geben, seine Möglichkeiten voll zu nutzen und sich ständig weiterzuentwickeln.

21. Deutsch lernen: Ressourcen und Tipps

Das Erlernen der deutschen Sprache ist ein wichtiger Schritt für die Integration und das berufliche Fortkommen in Deutschland. Es gibt zahlreiche Möglichkeiten und Ressourcen, die beim Deutschlernen unterstützen können. Besonders hervorzuheben sind die vom Bundesamt für Migration und Flüchtlinge (BAMF) finanzierten Integrationskurse sowie berufsbezogene Deutschkurse, die oft als Gutscheine über die Arbeitsagentur erhältlich sind. In diesem Abschnitt stellen wir verschiedene Ressourcen und Tipps vor, die das Deutschlernen erleichtern.

Berufsbezogene Deutschkurse
Für diejenigen, die ihre Sprachkenntnisse speziell für den Arbeitsmarkt verbessern möchten, gibt es berufsbezogene Deutschkurse. Diese Kurse richten sich an Menschen, die bereits über grundlegende Deutschkenntnisse verfügen und sich auf eine berufliche Tätigkeit in Deutschland vorbereiten wollen. Die Kurse konzentrieren sich auf die Fachsprache verschiedener Berufsfelder und helfen dabei, die Kommunikation am Arbeitsplatz zu verbessern. Oft können Teilnehmende über die Arbeitsagentur einen Gutschein für solche Kurse erhalten.

Online-Ressourcen und Apps
Neben den formalen Kursen gibt es eine Vielzahl von Online-Ressourcen und Apps, die beim Selbststudium helfen können. Plattformen wie Duolingo, Babbel oder Rosetta Stone bieten interaktive Übungen, die das Lernen der deutschen Sprache unterstützen. Diese Ressourcen sind flexibel und ermöglichen es, unabhängig von Zeit und Ort zu lernen.

Deutsche Medien nutzen

Eine weitere effektive Methode, um die Sprachkenntnisse zu verbessern, ist der Konsum der deutschen Medien. Das Hören von deutscher Musik, das Anschauen von Filmen oder Fernsehprogrammen auf Deutsch und das Lesen deutscher Bücher oder Zeitungen können das Verständnis der Sprache erheblich fördern. Anfangs können Untertitel oder einfache Texte hilfreich sein, um den Einstieg zu erleichtern.

Regelmäßige Praxis

Regelmäßiges Üben ist der Schlüssel zum Erfolg beim Sprachenlernen. Es ist wichtig, jede Gelegenheit zu nutzen, um Deutsch zu sprechen, zu schreiben und zu hören. Selbst einfache Alltagssituationen, wie Einkaufen oder Nutzung der öffentlichen Verkehrsmittel, bieten gute Möglichkeiten, die Sprachkenntnisse anzuwenden.

Geduld und Ausdauer

Das Erlernen einer neuen Sprache erfordert Geduld und Ausdauer. Es ist wichtig, motiviert zu bleiben und sich nicht entmutigen zu lassen, wenn Fortschritte langsamer als erwartet erscheinen. Jeder Schritt vorwärts ist ein Erfolg auf dem Weg zur Sprachbeherrschung.

Durch die Kombination dieser Ressourcen und Tipps kann jeder, der Deutsch lernen möchte, bedeutende Fortschritte machen. Die vom BAMF finanzierten Kurse bieten eine solide Grundlage, während Online-Ressourcen, Medien und regelmäßige Übung das Lernen ergänzen und vertiefen können.

22. Sprachanforderungen für Einwanderer

In Deutschland zu leben bedeutet oft, Deutsch zu lernen. Für Menschen, die aus anderen Ländern kommen, gibt es bestimmte Anforderungen an die Sprachkenntnisse. Diese Regeln sind wichtig, um im Alltag klarzukommen und Arbeit zu finden. Hier erklären wir, was Einwanderer über die deutschen Sprachanforderungen wissen müssen.

Grundkenntnisse sind wichtig

Die meisten, die nach Deutschland kommen, müssen Deutsch auf einem einfachen Niveau sprechen können. Das betrifft vor allem Menschen, die ihre Familie in Deutschland haben oder hier dauerhaft leben wollen. Meistens muss man eine Prüfung bestehen, die zeigt, dass man einfache Dinge auf Deutsch sagen und verstehen kann. Diese Prüfungen sind auf dem Niveau A1 oder A2. Das bedeutet, man kann sich in alltäglichen Situationen auf Deutsch verständigen.

Integrationskurse

Wenn man länger in Deutschland bleiben möchte, muss man oft einen Integrationskurs machen. In diesen Kursen lernt man nicht nur die Sprache besser, sondern auch viele Dinge über Deutschland. Zum Beispiel über die Kultur, die Geschichte und die Gesetze. Am Ende des Kurses gibt es eine Prüfung. Wenn man sie besteht, hat man das Niveau B1 erreicht. Das zeigt, dass man sich schon gut auf Deutsch unterhalten kann.

Für die Arbeit

Menschen, die in Deutschland arbeiten möchten, brauchen oft bessere Deutschkenntnisse. Je nachdem, welchen Beruf man hat, muss man mehr Deutsch können. Manchmal reicht das Niveau B1, aber oft muss man auch B2 oder C1 erreichen. Das ist wichtig, um bei der Arbeit alles zu verstehen und mit Kollegen sprechen zu können.

Für das Studium

Wer in Deutschland studieren möchte, muss meistens sehr gut Deutsch können. Die Universitäten verlangen oft, dass man Prüfungen auf dem Niveau B2 oder C1 besteht. Es gibt spezielle Prüfungen für Studierende, wie den TestDaF oder DSH. Diese Prüfungen zeigen, dass man gut genug Deutsch kann, um zu studieren.

Wie man Deutsch lernt

Es gibt viele Wege, Deutsch zu lernen. Man kann zum Beispiel einen Sprachkurs besuchen. Es gibt auch viele Internetseiten und Apps, die beim Lernen helfen. Eine gute Idee ist auch, Filme oder Serien auf Deutsch zu schauen. Oder man liest Bücher und Zeitungen auf Deutsch. Wichtig ist, dass man viel übt. Je mehr man spricht und hört, desto besser wird man.

Für Einwanderer in Deutschland ist es wichtig, Deutsch zu lernen. Die Anforderungen hängen davon ab, warum man hier ist – ob für Familie, Arbeit oder Studium. Es gibt viele Möglichkeiten, die Sprache zu lernen. Mit Geduld und Übung kann jeder gute Kenntnisse erreichen.

23. Bildungsmöglichkeiten für Erwachsene und Weiterbildung

In Deutschland gibt es viele Möglichkeiten für Erwachsene, sich weiterzubilden oder neue Dinge zu lernen. Egal, ob man seine Kenntnisse für den Beruf verbessern möchte oder einfach etwas Neues lernen will, es gibt viele Angebote. Hier erklären wir einige der Möglichkeiten für Weiterbildung und Bildung für Erwachsene.

Volkshochschulen

Volkshochschulen sind eine gute Adresse für Erwachsene, die weiterlernen möchten. Sie bieten Kurse in vielen verschiedenen Bereichen an. Zum Beispiel kann man Sprachen lernen, Computerkurse machen oder etwas über Kunst und Kultur erfahren. Die Kurse sind meistens nicht teuer und für jeden zugänglich.

Universitäten und Fachhochschulen

Auch an Universitäten und Fachhochschulen gibt es Angebote für Erwachsene. Viele haben Programme für Weiterbildung. Man kann zum Beispiel Abendkurse oder Wochenendseminare besuchen. Manche Kurse führen zu einem Zertifikat oder sogar einem Abschluss. Für Berufstätige gibt es oft spezielle Angebote, die sich gut mit der Arbeit vereinbaren lassen.

Berufliche Weiterbildung

Für Menschen, die im Beruf weiterkommen möchten, gibt es viele Möglichkeiten zur Weiterbildung. Die Industrie- und Handelskammern sowie die Handwerkskammern bieten Kurse und Seminare an. Diese Kurse helfen, berufliche Fähigkeiten zu verbessern oder sich auf eine neue Stelle vorzubereiten. Oft werden auch Kurse angeboten, die auf eine Prüfung oder einen beruflichen Abschluss vorbereiten.

Sprachkurse

Das Erlernen einer neuen Sprache oder das Verbessern von Sprachkenntnissen ist eine beliebte Form der Weiterbildung. Neben Volkshochschulen bieten auch private Sprachschulen Kurse in vielen verschiedenen Sprachen an. Sprachkurse sind nicht nur für den Beruf nützlich, sondern können auch dabei helfen, sich im

Alltag besser zu verständigen oder sich auf eine Reise vorzubereiten.

Selbstlernen

Man muss nicht immer einen Kurs besuchen, um etwas Neues zu lernen. Viele Menschen nutzen Bücher, Videos oder Apps, um sich selbst weiterzubilden. Das Selbstlernen kann flexibel gestaltet werden und lässt sich gut in den Alltag integrieren.

Insgesamt gibt es in Deutschland viele Möglichkeiten für Erwachsene, sich weiterzubilden. Egal, ob man beruflich weiterkommen möchte oder einfach ein neues Hobby sucht, es gibt für jeden das passende Angebot. Wichtig ist, die Chance zu nutzen und immer offen für neues Wissen zu sein.

Wortschatz: Bildung und Sprache

Nomen

die Kindertagesstätte (-n) / die Kita (-s): Eine Einrichtung, in der kleine Kinder betreut werden, während die Eltern arbeiten.
Beispiel: Mein Sohn geht jeden Tag in die Kita.

die Grundschule (-n): Die erste Schule für Kinder, normalerweise von 6 bis 10 Jahren.
Beispiel: Die Grundschule beginnt für die Kinder mit der ersten Klasse.

das Gymnasium (Gymnasien): Eine Schule, die Schüler auf das Abitur und das Studium vorbereitet.
Beispiel: Nach der Realschule möchte sie auf das Gymnasium wechseln.

die Realschule (-n): Eine Schule, die Schüler auf eine berufliche Ausbildung oder weiterführende Schulen vorbereitet.
Beispiel: Er besucht die Realschule und macht bald seinen Abschluss.

die Hauptschule (-n): eine Schule, die Schüler bis zur 9. Klasse unterrichtet und auf praktische Berufe vorbereitet.
Beispiel: Die Hauptschule ist für Schüler, die früh arbeiten möchten.

die Gesamtschule (-n): Eine Schule, die verschiedene Schulformen kombiniert und Schüler bis zur 10. Klasse unterrichtet.
Beispiel: Die Gesamtschule bietet viele verschiedene Fächer an.

die Berufsausbildung (-en) / die Ausbildung (-en): Ein Programm, in dem man einen Beruf lernt.
Beispiel: Er macht eine Ausbildung als Elektriker.

die Fachhochschule (-n): Eine Hochschule, die praktische Berufe anbietet und einen Bachelor-Abschluss gibt.
Beispiel: Er besucht eine Fachhochschule für Ingenieurwesen.

das Studium (Studien): Die Zeit, in der man an einer Universität oder Hochschule lernt.
Beispiel: Ihr Studium dauert drei Jahre.

der Integrationskurs (-e): Ein Kurs, der Menschen hilft, die deutsche Sprache und Kultur besser zu verstehen.
Beispiel: Ich nehme an einem Integrationskurs teil, um Deutsch zu lernen.

die Weiterbildung (-en): Ein Kurs oder Programm, um mehr Wissen und Fähigkeiten für den Beruf zu erlernen.
Beispiel: Ich mache eine Weiterbildung im Bereich Marketing.

das Fernstudium (Fernstudien): Ein Studium, das man von zu Hause aus macht, oft online.
Beispiel: Er macht ein Fernstudium in Informatik.

der Abschluss (Abschlüsse): Das Zertifikat oder Diplom, das man nach dem erfolgreichen Lernen erhält.
Beispiel: Ich habe meinen Abschluss in Betriebswirtschaft gemacht.

die Volkshochschule (-n): Eine Schule für Erwachsene, die Kurse in vielen Themen anbietet.
Beispiel: Ich besuche einen Englischkurs an der Volkshochschule.

die Prüfung (-en): Ein Test, um das Wissen in einem Fach zu überprüfen.
Beispiel: Ich habe nächste Woche eine Prüfung in Mathe.

das Zertifikat (-e): Ein Dokument, das zeigt, dass man einen Kurs oder eine Ausbildung abgeschlossen hat.
Beispiel: Nach dem Kurs bekomme ich ein Zertifikat.

die Sprachkenntnisse (nur Plural): Das Wissen und die Fähigkeiten, eine Sprache zu sprechen und zu verstehen.
Beispiel: Gute Sprachkenntnisse sind wichtig für meinen Job.

Verben

wechseln: Etwas ändern oder einen anderen Platz wählen.
Beispiel: Ich wechsle die Schule, weil ich umziehe.

Nomen + Verb

ein Studium aufnehmen / ein Studium beginnen: Mit dem Studium an einer Universität oder Hochschule anfangen.
Beispiel: Ich nehme nächstes Jahr ein Studium in Biologie auf.

eine Prüfung bestehen: Erfolgreich einen Test machen.
Beispiel: Ich habe meine Prüfung bestanden und bin sehr glücklich.

Sprachkenntnisse verbessern: Besser in einer Sprache werden.
Beispiel: Ich möchte meine Sprachkenntnisse verbessern, indem ich einen Kurs besuche.

Erfahrungen sammeln: Durch praktische Arbeit oder Situationen Neues lernen.
Beispiel: Ich sammle Erfahrungen während meines Praktikums.

eine Ausbildung absolvieren: Eine Ausbildung erfolgreich beenden.
Beispiel: Sie hat ihre Ausbildung zur Friseurin erfolgreich absolviert.

an einem Integrationskurs teilnehmen: Einen Kurs besuchen, der hilft, die Sprache und Kultur zu lernen.
Beispiel: Er nimmt an einem Integrationskurs teil, um besser Deutsch zu lernen.

einen Abschluss erwerben: Ein Zertifikat oder Diplom nach dem Lernen erhalten (bekommen).
Beispiel: Sie erwirbt ihren Abschluss in Chemie im nächsten Jahr.

eine Vorlesung halten: Einen Vortrag vor einer Gruppe von Studierenden geben.
Beispiel: Der Professor hält eine interessante Vorlesung über Geschichte.

Wissen erweitern: Neues Wissen bekommen.
Beispiel: Ich lese Bücher, um mein Wissen zu erweitern.

Kompetenzen entwickeln: Neue Fähigkeiten und Fertigkeiten erlernen.
Beispiel: Ich arbeite an Projekten, um meine Kompetenzen zu entwickeln.

Adjektive

frühkindlich: die Zeit der frühen Kindheit.
Beispiel: Frühkindliche Bildung ist wichtig für die Entwicklung von Kindern.

grundlegend: Etwas, das wichtig und notwendig für die Basis ist.
Beispiel: Grundlegende Kenntnisse in Mathe sind für viele Berufe wichtig.

weiterführend: Eine Schule oder Ausbildung, die nach der Grundschule kommt und mehr Wissen vermittelt.
Beispiel: Die weiterführende Schule bietet viele Fächer an.

interaktiv: Es gibt eine aktive Teilnahme oder Mitgestaltung.
Beispiel: Der Kurs ist interaktiv.

regelmäßig: Etwas, das oft und zu bestimmten Zeiten passiert.
Beispiel: Ich übe regelmäßig, um meine Sprachkenntnisse zu verbessern.

erforderlich: Etwas, das notwendig ist und nicht fehlen darf.
Beispiel: Gute Sprachkenntnisse sind für diesen Job erforderlich.

fortgeschritten: Ein höheres Niveau oder mehr Erfahrung in einem Bereich.
Beispiel: Der Kurs ist für fortgeschrittene Lernende geeignet.

VI. GESUNDHEITSWESEN

24. Das Gesundheitssystem in Deutschland

In Deutschland gibt es ein sehr gutes Gesundheitssystem. Es sorgt dafür, dass alle Menschen medizinische Hilfe bekommen können, wenn sie krank sind. In diesem Abschnitt erklären wir, wie das Gesundheitssystem in Deutschland funktioniert und was man darüber wissen sollte.

Krankenversicherung

Eines der wichtigsten Dinge im deutschen Gesundheitssystem ist die Krankenversicherung. In Deutschland muss jeder krankenversichert sein. Es gibt zwei Arten von Krankenversicherungen: die gesetzliche und die private Krankenversicherung. Die meisten Menschen sind in einer gesetzlichen Krankenkasse versichert. Wer mehr verdient, kann sich auch privat versichern. Die Krankenversicherung bezahlt die Kosten für Ärzte, Krankenhausbesuche und oft auch Medikamente.

Ärzte und Krankenhäuser

Wenn man krank ist, geht man zuerst zu einem Hausarzt. Der Hausarzt kann einem helfen oder zu einem Spezialisten schicken, wenn das nötig ist. In Deutschland gibt es viele Ärzte und Spezialisten, die in verschiedenen Bereichen arbeiten. Krankenhäuser gibt es auch in jeder Stadt. Sie helfen bei schwereren Krankheiten oder wenn man operiert werden muss.

Apotheken

Für Medikamente geht man in eine Apotheke. In Deutschland kann man viele Medikamente nur mit einem Rezept vom Arzt bekommen. Die Apotheke gibt einem dann die Medikamente, und die Krankenversicherung bezahlt meistens einen Teil der Kosten.

Notfallhilfe

In einem Notfall kann man die Nummer 112 anrufen. Das ist die Nummer für den Rettungsdienst. Sie funktioniert in ganz Deutschland und ist immer erreichbar. Wenn man schnell Hilfe braucht, kommen Krankenwagen und Notärzte, um zu helfen.

Vorsorge und Prävention

Das deutsche Gesundheitssystem legt auch viel Wert auf Vorsorge und Prävention. Das bedeutet, Krankheiten zu verhindern, bevor sie passieren. Viele Krankenkassen bieten Programme an, um gesund zu bleiben. Dazu gehören zum Beispiel Untersuchungen, Impfungen und Kurse für gesunde Ernährung oder Sport.

Das Gesundheitssystem in Deutschland ist da, um allen Menschen zu helfen, wenn sie krank sind. Die Krankenversicherung ist sehr wichtig, weil sie die Kosten für die medizinische Versorgung übernimmt. Es gibt viele Ärzte und Krankenhäuser, die gute medizinische Hilfe leisten. In Notfällen gibt es einen schnellen Rettungsdienst. Und das System unterstützt auch dabei, gesund zu bleiben und Krankheiten zu verhindern.

25. Psychologische Unterstützung und Beratungsdienste

In Deutschland gibt es viele Angebote für Menschen, die psychologische Unterstützung oder Beratung brauchen. Manchmal fühlen wir uns traurig, gestresst oder haben Probleme, die wir alleine nicht lösen können. Dann ist es eine gute Idee, Hilfe zu suchen. Hier erklären wir, welche Möglichkeiten es gibt, um Unterstützung zu bekommen.

Psychologen und Therapeuten

Wenn man das Gefühl hat, dass man mit seinen Problemen nicht alleine klarkommt, kann man zu einem Psychologen oder Therapeuten gehen. Diese Fachleute sind ausgebildet, um Menschen in schwierigen Situationen zu helfen. Sie hören zu und geben Ratschläge, wie man mit seinen Problemen umgehen kann. Für eine Therapie braucht man meistens eine Überweisung vom Hausarzt. Die Kosten für eine Therapie werden oft von der Krankenversicherung übernommen.

Beratungsstellen

Es gibt auch viele Beratungsstellen, die Hilfe zu speziellen Themen anbieten. Zum Beispiel gibt es Beratung für Familienprobleme, Suchtprobleme oder bei Gewalterfahrungen. Diese Beratungsstellen bieten Gespräche mit Experten an. Oft sind die Beratungen kostenlos oder kosten nicht viel. Man kann einfach anrufen und einen Termin ausmachen.

Telefonseelsorge

Wenn man sofort mit jemandem sprechen möchte, kann man die Telefonseelsorge anrufen. Die Telefonnummer ist 0800 1110111 oder 0800 1110222. Die Anrufe sind kostenlos und anonym. Das heißt, man muss seinen Namen nicht sagen. Die Menschen, die dort arbeiten, sind ausgebildet, um zuzuhören und Unterstützung zu bieten. Man kann sie jederzeit anrufen, Tag und Nacht.

Online-Beratung

Heutzutage gibt es auch viele Möglichkeiten, online Hilfe zu bekommen. Es gibt Websites und Apps, wo man mit Therapeuten oder Beratern chatten kann. Manche dieser Angebote sind kostenlos, für andere muss man bezahlen. Online-Beratung kann besonders hilfreich sein, wenn man nicht persönlich zu einer Beratungsstelle gehen möchte oder kann.

Selbsthilfegruppen

In Selbsthilfegruppen treffen sich Menschen, die ähnliche Probleme haben. Sie tauschen ihre Erfahrungen aus und unterstützen sich gegenseitig. Es gibt Selbsthilfegruppen zu vielen verschiedenen Themen, zum Beispiel Depressionen, Angst oder Trauer. Oft findet man Informationen zu Selbsthilfegruppen bei der Krankenkasse oder im Internet.

Es stehen zahlreiche Optionen zur Verfügung, um in Deutschland psychologische Unterstützung und Beratung zu erhalten. Ob man mit einem Therapeuten sprechen, eine Beratungsstelle besuchen oder die Telefonseelsorge anrufen möchte, es gibt Hilfe für jeden, der sie braucht. Es ist wichtig, nicht zu zögern, Unterstützung zu suchen, wenn man sich nicht gut fühlt.

Wortschatz: Gesundheitswesen

Nomen

die Krankenversicherung (-en): eine Art von Versicherung, die die Kosten für Arztbesuche und Behandlungen bezahlt, wenn man krank ist.
Beispiel: Jeder in Deutschland braucht eine Krankenversicherung.

der Hausarzt (-ärzte): Ein Arzt, den man regelmäßig besucht und der für die allgemeine Gesundheit zuständig ist.
Beispiel: Mein Hausarzt ist sehr freundlich und hilft mir immer.

der Notfall (-fälle): Eine Situation, in der sofortige Hilfe notwendig ist.
Beispiel: Im Notfall rufe ich die 112 an.

die Vorsorge (-n): Etwas, das man tut, um sich und seine Gesundheit in der Zukunft zu schützen.
Beispiel: Regelmäßige Vorsorgeuntersuchungen sind wichtig für die Gesundheit.

die Prävention (-en): Maßnahmen, die helfen, Krankheiten zu vermeiden.
Beispiel: Prävention ist wichtig, um gesund zu bleiben.

die (ärztliche) Überweisung (-en): Ein Dokument vom Arzt, das zu einem anderen Arzt oder Spezialisten führt.
Beispiel: Ich bekomme von meinem Hausarzt eine Überweisung zum Spezialisten.

die Praxis (-en): Der Ort, wo Ärzte arbeiten und Patienten behandeln.
Beispiel: Ich habe einen Termin in der Arztpraxis.

Verben

versichern: Eine Garantie geben, z.B. für medizinische Leistungen.
Beispiel: Er will sein Fahrrad versichern.

übernehmen (Kosten): die Kosten bezahlen.
Beispiel: Die Versicherung übernimmt die Kosten für die Behandlung.

behandeln: Jemanden medizinisch versorgen.
Beispiel: Der Arzt behandelt meine Erkältung.

verschreiben: Medizin oder eine Therapie empfehlen und ein Rezept ausstellen.

Beispiel: Der Arzt verschreibt mir ein Medikament gegen Husten.

vorbeugen: Maßnahmen treffen, um Krankheiten zu vermeiden.
Beispiel: Ich möchte gesunde Lebensmittel essen, um Zucker-krankheit vorzubeugen.

impfen: Eine Spritze geben, um vor Krankheiten zu schützen.
Beispiel: Ich lasse mich gegen Grippe impfen.

beraten: Informationen und Ratschläge geben.
Beispiel: Der Arzt berät mich über gesunde Ernährung.

Nomen + Verb

eine Versicherung abschließen: Eine Versicherung kaufen oder beantragen.
Beispiel: Ich möchte eine andere Krankenversicherung abschlie-ßen.

ein Rezept jemandem ausstellen (vom Arzt): Der Arzt gibt ein Dokument für Medikamente.
Beispiel: Der Arzt stellt mir ein Rezept aus.

ein Rezept ausstellen lassen (von mir): Der Arzt soll ein Rezept für mich ausstellen.
Beispiel: Ich lasse ein Rezept vom Arzt ausstellen.

eine Behandlung erhalten: Eine medizinische Versorgung be-kommen.
Beispiel: Ich habe eine Behandlung für meine Allergie erhalten.

eine Untersuchung durchführen: Einen Test oder eine Untersu-chung machen.

Beispiel: Der Arzt führt eine Untersuchung durch, um die Ursache zu finden.

Adjektive

gesetzlich: Bezieht sich auf das Recht oder die Gesetze.
Beispiel: Die gesetzliche Krankenversicherung ist für alle Pflicht.

notwendig: Etwas, das wichtig und erforderlich ist.
Beispiel: Eine Impfung ist notwendig für die Schule.

präventiv: Etwas, das dazu dient, Krankheiten zu vermeiden.
Beispiel: Präventive Maßnahmen sind wichtig für die Gesundheit.

kostenlos: Es fallen keine Kosten an; man muss nichts bezahlen.
Beispiel: Die Gesundheitsuntersuchung ist kostenlos.

verschreibungspflichtig: Medikamente, die man nur mit einem Rezept vom Arzt bekommen kann.
Beispiel: Dieses Medikament ist verschreibungspflichtig.

zugänglich: Etwas, das leicht erreicht oder genutzt werden kann.
Beispiel: Die Informationen sind für alle zugänglich.

umfassend: Etwas, das viele Aspekte abdeckt und vollständig ist.
Beispiel: Die Untersuchung gibt eine umfassende Übersicht über meine Gesundheit.

VII. WOHNEN UND LEBENSHALTUNGSKOS-TEN

26. Wohnungssuche in Deutschland

Eine Wohnung in Deutschland zu finden, kann manchmal schwierig sein, besonders in großen Städten. Aber mit den richtigen Tipps und etwas Geduld kann man eine gute Wohnung finden. Hier sind einige Schritte und Tipps, die bei der Wohnungssuche in Deutschland helfen können.

Online-Portale nutzen

Viele Wohnungen werden heutzutage online angeboten. Es gibt Websites wie ImmobilienScout24, WG-gesucht und eBay Kleinanzeigen, wo man nach Wohnungen suchen kann. Man kann dort die Stadt eingeben, in der man eine Wohnung sucht, und andere wichtige Details wie die Größe der Wohnung und den Preis. Es ist eine gute Idee, diese Websites regelmäßig zu checken, weil neue Wohnungen oft schnell vergeben sind.

Zeitungen und Anzeigen

Eine weitere Möglichkeit, um eine passende Wohnung zu finden, sind lokale Zeitungen und Kleinanzeigen. In vielen Städten, vor allem in kleineren Gemeinden oder ländlichen Gegenden, sind Zeitungen eine wichtige Quelle für Wohnungsangebote. Häufig werden Wohnungen direkt von privaten Vermietern inseriert, die ihre Anzeigen nicht immer online stellen. Es lohnt sich daher, regelmäßig sowohl die gedruckten als auch die Online-Versionen der Zeitungen durchzusehen.

Netzwerk nutzen

Freunde, Familie und Bekannte können auch bei der Wohnungssuche helfen. Manchmal wissen sie von Wohnungen, die frei werden, oder sie können einen bei der Suche unterstützen. Es ist auch hilfreich, in sozialen Netzwerken oder in Gruppen für Wohnungssuche nachzufragen.

Direkt bei Wohnungsbaugesellschaften anfragen

In vielen Städten gibt es Wohnungsbaugesellschaften, die viele Wohnungen vermieten. Es kann sinnvoll sein, direkt bei diesen Gesellschaften nach freien Wohnungen zu fragen oder sich auf ihre Wartelisten setzen zu lassen. Oft haben diese Gesellschaften eigene Websites, auf denen man sich über freie Wohnungen informieren kann.

Besichtigungen

Wenn man eine interessante Wohnung findet, sollte man schnell handeln und einen Termin für eine Besichtigung ausmachen. Bei der Besichtigung kann man sich die Wohnung genau anschauen und auch Fragen stellen. Es ist wichtig, einen guten Eindruck zu hinterlassen, weil es oft viele Interessenten für eine Wohnung gibt.

Unterlagen vorbereiten

Für die Anmietung einer Wohnung muss man in Deutschland oft verschiedene Unterlagen vorlegen. Dazu gehören zum Beispiel der Personalausweis, Einkommensnachweise, manchmal eine Schufa-Auskunft, die zeigt, dass man keine Schulden hat, und nicht selten auch ein Lebenslauf. Letzterer gibt Vermietern einen Überblick über die persönliche und berufliche Situation des potenziellen Mieters. Es ist eine gute Idee, diese Unterlagen schon vor der Wohnungssuche zusammenzustellen, damit man sie bei Bedarf schnell vorlegen kann.

Die Suche nach einer Wohnung in Deutschland stellt oft eine Herausforderung dar, insbesondere in den begehrten Städten. Dabei ist es entscheidend, Geduld zu bewahren und nicht den Mut zu verlieren. Durch Hartnäckigkeit und die Anwendung bewährter

Strategien lässt sich letztlich doch die passende Wohnung ausfindig machen. Die Wohnungssuche mag zwar mitunter mühsam sein, doch mit den geeigneten Methoden und ein wenig Geduld führt sie zum Erfolg. Ob über Online-Portale, durch lokale Anzeigen, mithilfe des eigenen Netzwerks oder durch direkte Anfragen bei Wohnungsbaugesellschaften – es gibt zahlreiche effektive Wege, die zu einer geeigneten Wohnung führen.

27. Anmeldungsprozess und Wohnsitzregistrierung

Wenn man in Deutschland umzieht oder neu ins Land kommt, muss man sich anmelden. Das bedeutet, man geht zum Einwohnermeldeamt und sagt, wo man jetzt wohnt. Diese Anmeldung ist sehr wichtig und muss gemacht werden. Hier erklären wir, wie der Anmeldungsprozess und die Wohnsitzregistrierung funktionieren.

Wo muss man sich anmelden?
Die Anmeldung macht man beim Einwohnermeldeamt. Das ist ein Büro in der Stadt oder Gemeinde, wo man wohnt. Jede Stadt hat ein eigenes Einwohnermeldeamt. Manchmal heißt es auch Bürgeramt oder Bürgerbüro.

Was braucht man für die Anmeldung?
Für die Anmeldung braucht man einige Unterlagen. Wichtig ist der Personalausweis oder der Reisepass. Man braucht auch eine Wohnungsgeberbestätigung. Das ist ein Dokument, das der Vermieter unterschreibt. Es zeigt, dass man wirklich in der Wohnung wohnt. Manchmal werden noch andere Unterlagen verlangt, zum Beispiel die Geburtsurkunde oder Heiratsurkunde.

Wie läuft die Anmeldung ab?

Man muss persönlich zum Einwohnermeldeamt gehen. Dort gibt man die Unterlagen ab und füllt ein Formular aus. Das Formular fragt nach dem Namen, der Adresse und anderen persönlichen Informationen. Der Mitarbeiter im Amt prüft die Unterlagen und macht dann die Anmeldung.

Fristen

Es gibt eine Frist für die Anmeldung. In der Regel muss man sich innerhalb von zwei Wochen nach dem Umzug anmelden. Wenn man diese Frist nicht einhält, kann es eine Geldstrafe geben.

Warum ist die Anmeldung wichtig?

Die Anmeldung ist aus mehreren Gründen wichtig. Erstens ist es eine gesetzliche Pflicht. Aber die Anmeldung ist auch nützlich. Mit der Anmeldung bekommt man eine Meldebescheinigung. Das ist ein Dokument, das man oft braucht, zum Beispiel bei der Anmeldung in einer Schule oder beim Beantragen eines Personalausweises.

Ummeldung bei einem Umzug

Wenn man innerhalb Deutschlands umzieht, muss man sich ummelden. Das bedeutet, man geht wieder zum Einwohnermeldeamt und sagt, dass man jetzt eine neue Adresse hat. Für die Ummeldung braucht man die gleichen Unterlagen wie bei der Anmeldung.

Die Anmeldung und Ummeldung sind wichtige Schritte, wenn man in Deutschland wohnt. Es ist gut, sich vor dem Umzug über die nötigen Unterlagen und die Fristen zu informieren. So kann man sicherstellen, dass alles reibungslos läuft.

28. Lebenshaltungskosten: Von Miete bis Lebensmittel

Lebenshaltungskosten umfassen alle Ausgaben, die für das tägliche Leben notwendig sind. Dazu zählen Kosten für die Wohnung, Essen und Trinken, Kleidung, Transport, Freizeitaktivitäten und andere notwendige Dinge wie Strom und Internet. In Deutschland können diese Kosten sehr unterschiedlich sein, abhängig von der Stadt oder Region, in der man lebt, und vom persönlichen Lebensstil. Hier geben wir einen Überblick über die wichtigsten Posten der Lebenshaltungskosten.

Miete

Ein großer Teil des Einkommens wird oft für die Miete ausgegeben. In Großstädten wie München oder Hamburg sind die Mieten höher als in kleineren Städten oder auf dem Land. Wohnungen im Zentrum sind meist teurer als am Stadtrand. Um Geld zu sparen, entscheiden sich viele für eine Wohngemeinschaft (WG), bei der man sich die Miete mit anderen teilt.

Nebenkosten

In Deutschland werden die Nebenkosten zusätzlich zur Kaltmiete für eine Wohnung oder ein Haus bezahlt. Sie umfassen verschiedene Posten, wie zum Beispiel Wasser- und Heizkosten, Müllabfuhr, Hausreinigung und Grundsteuer. Die genaue Aufstellung, welche Nebenkosten anfallen, wird im Mietvertrag festgelegt. Die Zahlung der Nebenkosten erfolgt in folgenden Schritten:

1. *Vorauszahlungen:* Mieter leisten monatliche Vorauszahlungen auf die Nebenkosten zusammen mit ihrer Miete. Diese Vorauszahlungen basieren auf einer Schätzung der jährlichen Kosten, die der Vermieter oder die Hausverwaltung vornimmt.

2. *Jährliche Abrechnung*: Einmal im Jahr erstellt der Vermieter oder die Hausverwaltung eine Nebenkostenabrechnung. In dieser Abrechnung werden die tatsächlich entstandenen Kosten den bereits geleisteten Vorauszahlungen gegenübergestellt.

3. *Nachzahlung oder Rückerstattung*: Falls die Vorauszahlungen höher waren als die tatsächlich entstandenen Kosten, erhält der Mieter eine Rückerstattung. Waren die Vorauszahlungen niedriger, muss der Mieter die Differenz nachzahlen.

Es ist wichtig für Mieter, die jährliche Nebenkostenabrechnung genau zu prüfen, da Fehler passieren können. Mieter haben das Recht, Belege und Rechnungen einzusehen. Sie zeigen, wie die Kosten in der Abrechnung entstanden sind.

Die rechtliche Grundlage für die Nebenkosten und deren Abrechnung ist in Deutschland das Bürgerliche Gesetzbuch (BGB) geregelt. Es gibt bestimmte Fristen, innerhalb derer die Abrechnung erfolgen und eventuelle Nachzahlungen geleistet oder Rückerstattungen erfolgen müssen.

Strom

In Deutschland sind die Stromkosten normalerweise nicht in den Nebenkosten enthalten, die zusammen mit der Miete bezahlt werden. Stattdessen schließen Mieter in der Regel einen eigenen Vertrag mit einem Stromversorger ihrer Wahl ab. Die Kosten für Strom werden dann direkt mit dem Versorger abgerechnet, basierend auf dem tatsächlichen Verbrauch des Mieters.

Dies bedeutet, dass Mieter für ihren Stromverbrauch selbst verantwortlich sind und die Freiheit haben, zwischen verschiedenen Anbietern zu wählen, um günstigere Tarife oder Tarife mit Strom aus erneuerbaren Energiequellen zu finden. Die Auswahl des

Stromanbieters und die Anmeldung sind daher wichtige Schritte beim Einzug in eine neue Wohnung.

Internet und Fernsehen
Für den Fernsehempfang in Deutschland gibt es verschiedene Möglichkeiten: Antenne, Kabel, Satellit oder Internet (IPTV). Die Kosten können je nach Anbieter und gewünschtem Senderpaket variieren. Neben den Kosten für den Empfangsweg fallen auch Rundfunkbeiträge an, die für jeden Haushalt gesetzlich vorgeschrieben sind. Diese Gebühr finanziert öffentlich-rechtliche Sender und beträgt derzeit 18,36 Euro pro Monat pro Haushalt, unabhängig von der Anzahl der Geräte oder Personen im Haushalt.

Lebensmittel
Die Kosten für Lebensmittel variieren je nach Einkaufsort und Essgewohnheiten. Discounter wie Aldi und Lidl bieten günstige Preise, während Wochenmärkte frische Produkte oft zu guten Preisen anbieten. Selbst kochen ist kostengünstiger als Essen gehen.

Transport
Die Kosten für Mobilität hängen von der gewählten Transportart ab. Öffentliche Verkehrsmittel sind eine beliebte Wahl, wobei die Preise für Monatskarten je nach Stadt variieren. Für Autobesitzer kommen Kosten für Benzin, Versicherung und Steuern dazu. Fahrradfahren ist eine preiswerte Alternative.

Kleidung und Freizeit
Ausgaben für Kleidung hängen von individuellen Kaufgewohnheiten ab. Es gibt sowohl günstige Modeketten als auch teurere Geschäfte. Freizeitgestaltung kann ebenfalls unterschiedlich teuer sein, wobei es oft Ermäßigungen gibt.

Spartipps

Um bei den Lebenshaltungskosten zu sparen, ist es hilfreich, auf Angebote und Rabatte zu achten. Viele Supermärkte haben jede Woche besondere Aktionen, bei denen einige Produkte günstiger sind. Es lohnt sich, die Prospekte oder Apps zu nutzen, um die besten Angebote zu finden und gezielt einzukaufen.

- Ein guter Tipp ist es, haltbare Lebensmittel wie Nudeln, Reis oder Konserven in größeren Mengen zu kaufen, wenn sie im Angebot sind. So spart man langfristig Geld. Auch in Discountern kann man oft günstig einkaufen, und Eigenmarken sind meistens billiger als bekannte Markenprodukte.

- Ein weiterer Tipp ist es, vorher einen Essensplan zu machen und nur die Sachen zu kaufen, die man wirklich braucht. Das verhindert unnötige Käufe und spart Geld. Auf Wochenmärkten oder beim Bauern direkt gibt es oft frische, regionale Produkte zu guten Preisen, besonders am Ende des Markttages, wenn die Händler ihre Preise senken.

- Zusätzlich kann man Strom und Heizkosten sparen, wenn man bewusst Energie spart, energieeffiziente Geräte nutzt und unnötigen Verbrauch vermeidet. Auch kleine Veränderungen können hier schon viel ausmachen.

29. Energieversorgung und -effizienz im Haushalt

In Deutschland ist es wichtig, wie wir Energie in unseren Häusern nutzen. Energie bedeutet Strom und Wärme, die wir jeden Tag brauchen. Aber Energie kostet Geld und ist auch wichtig für die Umwelt. Deshalb sollten wir versuchen, Energie effizient zu nutzen. Hier erklären wir, wie die Energieversorgung funktioniert und geben Tipps, wie man Energie sparen kann.

Energieversorgung

Die Energie kommt in unsere Häuser meistens durch Strom und Gas. Manche Häuser haben auch Ölheizungen. In Deutschland kann man oft selbst wählen, bei welchem Anbieter man Strom und Gas kauft. Es gibt viele verschiedene Anbieter, und die Preise können unterschiedlich sein. Es lohnt sich, die Angebote zu vergleichen und vielleicht zu einem günstigeren Anbieter zu wechseln.

Strom sparen

Strom zu sparen ist gut für die Umwelt und für den Geldbeutel. Es gibt viele einfache Wege, um weniger Strom zu verbrauchen:
- Licht ausschalten, wenn man den Raum verlässt;
- Energiesparlampen oder LED-Lampen benutzen;
- Geräte ganz ausschalten und nicht auf Standby lassen;
- beim Kauf von neuen Geräten auf die Energieeffizienz achten. Geräte mit einem guten Energieeffizienzlabel verbrauchen weniger Strom.

Auch beim Heizen kann man viel Energie sparen. Das hilft, weniger Gas, Öl oder Strom zu verbrauchen:
- Die Wohnung nur so warm heizen, wie es wirklich nötig ist. Ein Grad weniger kann schon viel Energie sparen;
- Die Heizung nachts niedriger stellen;
- Fenster und Türen dicht halten, damit keine Wärme nach draußen geht;
- regelmäßig lüften, aber dabei die Fenster nicht dauerhaft gekippt lassen.
- Warmes Wasser verbraucht auch Energie. Deshalb ist es sinnvoll, auch hier zu sparen:
- kurz duschen statt lange baden;

- beim Zähneputzen das Wasser nicht laufen lassen;
- sparsame Duschköpfe und Wasserhähne benutzen.

Energie zu sparen ist wichtig und gar nicht so schwer. Mit ein paar einfachen Änderungen im Alltag kann jeder dazu beitragen, weniger Energie zu verbrauchen. Das ist gut für die Umwelt und hilft auch, Geld zu sparen.

Wortschatz: Wohnen und Lebenshaltungskosten

Nomen

die Wohnungssuche (-n): Der Prozess, eine neue Wohnung zu finden.
Beispiel: Ich mache eine Wohnungssuche, weil ich umziehen möchte.

der Mieter (=): Eine Person, die in einer Wohnung lebt und dafür Miete bezahlt.
Beispiel: Der Mieter zahlt jeden Monat seine Miete.

der Vermieter (=): Eine Person, die eine Wohnung vermietet.
Beispiel: Der Vermieter kümmert sich um die Reparaturen im Haus.

der Mietvertrag (-verträge): Ein offizielles Dokument, das die Regeln für das Mieten einer Wohnung beschreibt.
Beispiel: Ich habe den Mietvertrag für meine neue Wohnung unterschrieben.

die Kosten (keine Singularform): Das Geld, das man für etwas bezahlen muss.
Beispiel: Die Kosten für die Miete sind in der Stadt sehr hoch.

die Nebenkosten (keine Singularform): Zusätzliche Kosten, die neben der Miete für eine Wohnung bezahlt werden, z.B. für Wasser und Strom.
Beispiel: Die Nebenkosten sind jeden Monat in der Miete enthalten.

die Lebenshaltungskosten (nur Pluralform): Die Kosten, die man für das tägliche Leben braucht, z.B. für Essen und Wohnen.
Beispiel: Die Lebenshaltungskosten sind in der Stadt höher als auf dem Land.

die Frist (-en): Ein Zeitraum, in dem etwas erledigt sein muss.
Beispiel: Die Frist für die Bewerbung ist nächste Woche.
die Kaution (-en): Geld, das man dem Vermieter gibt, um Schäden in der Wohnung zu decken.
Beispiel: Ich muss eine Kaution für die Wohnung zahlen.

die Energieeffizienz (keine Pluralform): Wie gut ein Gerät oder Gebäude Energie nutzt, um Strom zu sparen.
Beispiel: Die neue Heizung hat eine hohe Energieeffizienz.

der Umzug (-züge): Das Wechseln von einer Wohnung in eine andere.
Beispiel: Mein Umzug ist am Samstag.

die Anmeldung (-en): Das offizielle Eintragen einer neuen Adresse bei den Behörden.
Beispiel: Ich muss meine Anmeldung beim Amt machen.

das Amt (Ämter): Eine öffentliche Einrichtung, die Dienstleistungen anbietet, z.B. für Anmeldungen.
Beispiel: Ich gehe zum Amt, um meinen Wohnsitz umzumelden.

die Behörde (-n): Eine staatliche Institution, die für bestimmte Aufgaben verantwortlich ist.
Beispiel: Die Behörde hilft mir bei der Anmeldung.

der Strom (keine Pluralform): Elektrizität, die für Licht und Geräte in der Wohnung genutzt wird.
Beispiel: Ich bezahle jeden Monat für meinen Strom.

die Rechnung (-en): Ein Dokument, das zeigt, wie viel man für etwas bezahlen muss.
Beispiel: Ich habe die Rechnung für Strom bezahlt.

Verben

inserieren: Eine Anzeige machen, um etwas zu verkaufen oder zu vermieten.
Beispiel: Ich inseriere meine Wohnung online.

sich anmelden: Sich offiziell für etwas registrieren, z.B. für eine neue Adresse.
Beispiel: Ich muss mich beim Amt anmelden.

umziehen: Von einem Ort zu einem anderen Ort gehen, z.B. in eine neue Wohnung.
Beispiel: Ich ziehe nächste Woche um.

vergleichen: Etwas miteinander prüfen, um Unterschiede zu sehen.
Beispiel: Ich vergleiche die Preise für Wohnungen.

sparen: Weniger ausgeben, um Geld zu haben.
Beispiel: Ich möchte Geld sparen, um eine Wohnung zu kaufen.

verbrauchen: Etwas nutzen, z.B. Energie oder Wasser.
Beispiel: Wir verbrauchen viel Strom in unserem Haushalt.

heizen: Einen Raum warm machen, z.B. mit einer Heizung.
Beispiel: Im Winter heize ich die Wohnung.

lüften: Frische Luft in einen Raum lassen, indem man das Fenster öffnet.
Beispiel: Ich lüfte die Wohnung, um frische Luft hereinzulassen.

vermieten: Jemandem eine Wohnung geben, damit er dort lebt und Miete zahlt.
Beispiel: Ich vermiete meine Wohnung an eine Familie.

Nomen + Verb

einen Vertrag abschließen: Ein offizielles Dokument unterzeichnen, um eine Vereinbarung zu machen.
Beispiel: Ich möchte einen Mietvertrag abschließen.

Kosten tragen: Für Ausgaben verantwortlich sein oder diese bezahlen.
Beispiel: Ich muss die Kosten für die Reparatur tragen.

Energie verbrauchen: Strom oder Energie nutzen.
Beispiel: Wir verbrauchen viel Energie, wenn wir heizen.

eine Wohnung mieten: Eine Wohnung für einen bestimmten Zeitraum bezahlen, um dort zu leben.

Beispiel: Ich miete eine kleine Wohnung in der Stadt.

den Mietvertrag unterschreiben: Den Vertrag für das Mieten einer Wohnung offiziell signieren.
Beispiel: Ich habe den Mietvertrag unterschrieben und bin eingezogen.

Kaution hinterlegen: Geld dem Vermieter geben, um Schäden abzudecken.
Beispiel: Ich muss die Kaution hinterlegen, bevor ich einziehe.

zur Besichtigung gehen: Einen Termin haben, um eine Wohnung zu sehen.
Beispiel: Ich gehe zur Besichtigung einer neuen Wohnung.

Energie sparen: Weniger Energie verwenden, um Kosten zu reduzieren.
Beispiel: Wir versuchen, Energie zu sparen, indem wir die Lichter ausmachen.
Wasser verbrauchen: Wasser nutzen, z.B. beim Duschen oder Kochen.
Beispiel: Wir verbrauchen viel Wasser beim Duschen.

Möbel aufbauen: Möbelstücke zusammenbauen, um sie zu nutzen.
Beispiel: Ich baue die Möbel für meine neue Wohnung auf.

den Wohnsitz ummelden: Offiziell die Adresse wechseln.
Beispiel: Ich ziehe um, ich muss meinen Wohnsitz ummelden.

Adjektive

erschwinglich: Etwas, das man sich leisten kann, bezahlbar oder nicht teuer.
Beispiel: Die Miete in dieser Stadt ist erschwinglich.

effizient: Etwas, das gut funktioniert und wenig Zeit oder Energie braucht.
Beispiel: Die neue Heizung ist sehr effizient.

umweltfreundlich: Etwas, das die Umwelt nicht schädigt oder sie schützt.
Beispiel: Ich kaufe umweltfreundliche Produkte für mein Zuhause.

kostenpflichtig: Etwas kostet Geld.
Beispiel: Parken in der Stadt ist kostspielig.

begehrt: Wenn viele Menschen etwas haben oder benutzen möchten.
Beispiel: Dieser Job ist sehr begehrt, weil das Gehalt gut ist.

verschwenderisch: Etwas, das viel mehr Geld oder Ressourcen nutzt, als nötig ist.
Beispiel: Es ist verschwenderisch, das Licht den ganzen Tag brennen zu lassen.

verfügbar: Das kann man bekommen.
Beispiel: Die Wohnung ist sofort verfügbar.

VIII. FINANZEN UND STEUERN

30. Bankwesen und Finanzdienstleistungen

In Deutschland gibt es viele Banken und Finanzdienstleister, die verschiedene Services anbieten. Diese Dienste helfen uns, unser Geld zu verwalten, zu sparen oder sogar zu vermehren. Hier erklären wir, wie das Bankwesen in Deutschland funktioniert und was man über Finanzdienstleistungen wissen sollte.

Kontoeröffnung
Das Erste, was man in Deutschland braucht, ist ein Bankkonto. Ohne Konto ist es schwierig, Miete zu zahlen, Gehalt zu bekommen oder Rechnungen zu begleichen. Um ein Konto zu eröffnen, geht man zu einer Bank mit seinem Personalausweis oder Pass und manchmal auch mit einer Meldebescheinigung. Viele Banken bieten spezielle Konten für Studierende oder Auszubildende an, die weniger Gebühren kosten.

Girokonto und Sparkonto
Es gibt verschiedene Arten von Konten. Das Girokonto nutzt man für den alltäglichen Zahlungsverkehr wie Überweisungen, Daueraufträge und das Abheben von Bargeld. Ein Sparkonto ist eher dafür gedacht, Geld zu sparen. Auf dem Sparkonto ist das Geld sicher, und man bekommt oft Zinsen, auch wenn diese zurzeit meistens niedrig sind.

Online-Banking
In Deutschland nutzen viele Menschen Online-Banking. Das bedeutet, man kann sein Konto vom Computer oder Smartphone aus verwalten. Online-Banking ist praktisch, weil man Überweisungen machen, seinen Kontostand prüfen und Rechnungen bezahlen kann, ohne zur Bank gehen zu müssen. Die meisten

Banken bieten auch Apps an, mit denen man das Konto noch einfacher verwalten kann.

Karten

Zu einem Bankkonto bekommt man meistens eine EC-Karte, mit der man in Geschäften bezahlen und Geld am Automaten abheben kann. Viele Banken bieten auch Kreditkarten an. Mit einer Kreditkarte kann man fast überall bezahlen, auch im Ausland und im Internet. Aber Vorsicht: Bei Kreditkarten sollte man darauf achten, nicht mehr Geld auszugeben, als man hat.

Finanzberatung

Wenn man Fragen hat, wie man sein Geld am besten anlegen kann, bieten viele Banken eine Finanzberatung an. Ein Berater kann einem helfen, die richtigen Entscheidungen zu treffen, zum Beispiel wenn es ums Sparen, Investieren oder um Versicherungen geht. Aber es ist auch wichtig, vorsichtig zu sein und sich gut zu informieren, bevor man Entscheidungen trifft.

Sicherheit

Sicherheit ist sehr wichtig im Bankwesen. Man sollte immer darauf achten, dass persönliche Informationen und Passwörter sicher sind. Bei Online-Banking ist es wichtig, ein starkes Passwort zu nutzen und vorsichtig zu sein mit Emails oder Nachrichten, die nach persönlichen Informationen fragen.

Banken und Finanzdienstleistungen sind ein wichtiger Teil des Lebens in Deutschland. Sie helfen uns, unser Geld zu verwalten und können uns auch dabei unterstützen, Geld zu sparen oder zu investieren. Es ist wichtig, sich gut zu informieren und vorsichtig zu sein, besonders beim Online-Banking und bei Finanzentscheidungen.

31. Steuersystem und Steuerpflichten für Einwanderer

In Deutschland muss fast jeder Steuern zahlen. Das gilt auch für Menschen, die aus anderen Ländern kommen. Steuern sind Geldbeträge, die man an den Staat zahlt. Dieses Geld wird für öffentliche Dienste und Einrichtungen verwendet, zum Beispiel für Schulen, Straßen und Krankenhäuser. Hier erklären wir das Steuersystem und was Einwanderer über ihre Steuerpflichten wissen müssen.

Arten von Steuern

Es gibt viele verschiedene Arten von Steuern in Deutschland. Die wichtigsten für Einwanderer sind die Einkommensteuer, die Umsatzsteuer und manchmal die Gewerbesteuer.

Einkommensteuer: Wenn man in Deutschland arbeitet und Geld verdient, muss man Einkommensteuer zahlen. Wie viel Steuern man zahlt, hängt davon ab, wie viel man verdient. Es gibt verschiedene Steuerklassen, die bestimmen, wie hoch der Steuersatz ist.

Umsatzsteuer: Die Umsatzsteuer zahlt man, wenn man etwas kauft. In Deutschland heißt sie auch Mehrwertsteuer. Der normale Satz ist 19%, aber für manche Dinge wie Lebensmittel ist er niedriger.

Gewerbesteuer: Wenn man ein eigenes Geschäft hat, muss man vielleicht auch Gewerbesteuer zahlen. Das hängt von der Art des Geschäfts und dem Gewinn ab.

Steuererklärung

Einmal im Jahr muss man eine Steuererklärung machen. Das bedeutet, man gibt dem Finanzamt alle Informationen über das Einkommen und die Ausgaben. Das Finanzamt berechnet dann, wie viel Steuern man insgesamt zahlen muss oder ob man Geld zurückbekommt. Für die Steuererklärung gibt es Fristen, die man einhalten muss.

Hilfe bei der Steuererklärung

Die Steuererklärung kann kompliziert sein, besonders wenn man neu in Deutschland ist. Es gibt aber Hilfe. Steuerberater können die Steuererklärung für einen machen. Sie kosten Geld, aber manchmal kann das sinnvoll sein, um Fehler zu vermeiden. Es gibt auch Computerprogramme und Apps, die bei der Steuererklärung helfen.

Wichtige Dokumente

Für die Steuererklärung braucht man verschiedene Dokumente, zum Beispiel Lohnbescheinigungen vom Arbeitgeber oder Rechnungen für bestimmte Ausgaben. Es ist eine gute Idee, diese Dokumente das ganze Jahr über zu sammeln.

Steuerpflicht für Einwanderer

Wenn man neu in Deutschland ist, muss man sich beim Finanzamt anmelden. Man bekommt dann eine Steuernummer. Das Finanzamt kann auch Fragen zur Steuerpflicht beantworten.

Zusammengefasst muss fast jeder in Deutschland Steuern zahlen. Es gibt verschiedene Arten von Steuern, und einmal im Jahr muss man eine Steuererklärung machen. Das kann kompliziert sein, aber es gibt Hilfe, zum Beispiel von Steuerberatern oder speziellen Programmen. Wichtig ist, alle nötigen Dokumente zu sammeln und sich gut zu informieren, besonders wenn man neu im Land ist.

32. Finanzielle Unterstützung und Sozialleistungen

In Deutschland gibt es verschiedene Arten von finanzieller Unterstützung und Sozialleistungen. Diese Hilfe ist für Menschen gedacht, die wenig Geld haben oder in schwierigen Situationen sind. Hier erklären wir, welche Unterstützungen es gibt und wie man sie beantragen kann.

Arbeitslosengeld

Wenn jemand seinen Job verliert, kann er Arbeitslosengeld bekommen. Es gibt zwei Arten: Arbeitslosengeld I und Arbeitslosengeld II, oft auch Hartz IV genannt. Arbeitslosengeld I bekommt man, wenn man vorher gearbeitet und in die Arbeitslosenversicherung eingezahlt hat. Es hängt davon ab, wie lange man gearbeitet hat und wie viel man verdient hat. Arbeitslosengeld II ist für Menschen, die länger arbeitslos sind oder nicht genug In die Arbeitslosenversicherung eingezahlt haben. Es soll das nötigste zum Leben abdecken.

Kindergeld

Familien mit Kindern können Kindergeld bekommen. Das ist Geld vom Staat, um die Kosten für die Kinder ein bisschen zu decken. Wie viel Kindergeld man bekommt, hängt von der Anzahl der Kinder ab. Man muss das Kindergeld beantragen, und es wird jeden Monat ausgezahlt.

Sozialhilfe

Sozialhilfe ist für Menschen, die nicht genug Geld haben, um ihren Lebensunterhalt zu bezahlen. Sie soll sicherstellen, dass jeder genug zum Leben hat. Dazu gehören Essen, Kleidung und eine Wohnung. Die Sozialhilfe muss beantragt werden, und es wird geprüft, ob man wirklich darauf angewiesen ist.

Wohngeld

Wohngeld ist eine Unterstützung für Menschen, die wenig verdienen und viel Miete zahlen müssen. Es soll helfen, dass die Miete bezahlbar bleibt. Wie viel Wohngeld man bekommt, hängt vom Einkommen, der Miete und der Größe der Familie ab. Auch Wohngeld muss man beantragen.

BAföG

BAföG ist eine Unterstützung für Studierende und Schüler, die nicht genug Geld haben, um ihre Ausbildung zu bezahlen. Es ist eine Mischung aus einem Zuschuss, den man nicht zurückzahlen muss, und einem Darlehen, das man später zurückzahlen muss. BAföG soll helfen, dass jeder die Chance auf eine gute Ausbildung hat.

Wie man Hilfe bekommt

Um finanzielle Unterstützung oder Sozialleistungen zu bekommen, muss man sie beim zuständigen Amt beantragen. Dafür braucht man verschiedene Unterlagen, zum Beispiel über das Einkommen und die Wohnsituation. Es ist wichtig, alle Anträge sorgfältig auszufüllen und alle nötigen Dokumente beizulegen.

Insgesamt gibt es in Deutschland viele Möglichkeiten, finanzielle Unterstützung zu bekommen, wenn man sie braucht. Diese Hilfen sollen sicherstellen, dass alle Menschen genug zum Leben haben, auch wenn sie wenig Geld verdienen oder in schwierigen Situationen sind. Es ist wichtig, sich über die verschiedenen Unterstützungen zu informieren und sie rechtzeitig zu beantragen.

33. Versicherungen in Deutschland

In Deutschland gibt es viele Arten von Versicherungen. Sie helfen uns, Geld zu sparen, wenn etwas Schlimmes passiert, wie ein Unfall, eine Krankheit oder ein Diebstahl. Hier stellen wir einige wichtige Versicherungen vor, die viele Leute in Deutschland haben, und erklären, warum sie so nützlich für uns sind.

Krankenversicherung

In Deutschland gibt es zwei Arten der Krankenversicherung: die gesetzliche und die private. Beide Versicherungen zahlen die Kosten, wenn man krank ist, zum Arzt muss oder ins Krankenhaus geht. Auch wichtige Medikamente und Behandlungen werden bezahlt.

Die gesetzliche Krankenversicherung (GKV) ist für die meisten Menschen in Deutschland Pflicht, vor allem für Angestellte, die nicht so viel verdienen. Die Beiträge richten sich nach dem Einkommen.

Man kann sich privat versichern, wenn man mehr als 66.600 Euro im Jahr verdient, das sind etwa 5.550 Euro im Monat. Dieser Betrag, die sogenannte Beitragsbemessungsgrenze ändert sich jedes Jahr. Bei der privaten Krankenversicherung (PKV) hängen die Kosten nicht vom Einkommen ab, sondern von Ihrem Alter, Ihrer Gesundheit und dem Vertrag, den Sie wählen. Junge, gesunde Menschen zahlen oft weniger, zum Beispiel zwischen 200 und 400 Euro im Monat. Ältere oder Menschen, die mehr Leistungen möchten, müssen mehr zahlen, manchmal über 600 Euro im Monat.

Haftpflichtversicherung

Die Haftpflichtversicherung ist auch sehr wichtig. Sie hilft, wenn man aus Versehen etwas kaputt macht oder jemanden verletzt. Zum Beispiel, wenn man ein Glas Wein über das Handy eines Freundes schüttet. Die Versicherung bezahlt dann den Schaden. Fast jeder in Deutschland hat eine Haftpflichtversicherung.

Hausratversicherung

Die Hausratversicherung schützt die Sachen in Ihrer Wohnung. Wenn zum Beispiel ein Feuer ausbricht oder bei einem Einbruch Sachen gestohlen werden, hilft die Hausratversicherung. Sie bezahlt dann neues Mobiliar oder andere gestohlene Gegenstände.

Berufsunfähigkeitsversicherung

Die Berufsunfähigkeitsversicherung ist wichtig, wenn man nicht mehr arbeiten kann. Manchmal kann man wegen einer Krankheit oder einem Unfall nicht mehr den Beruf ausüben, den man gelernt hat. Diese Versicherung gibt dann Geld, damit man seinen Lebensunterhalt bezahlen kann.

Rentenversicherung

In Deutschland zahlt man automatisch in die Rentenversicherung ein, wenn man arbeitet. Das Geld aus der Rentenversicherung bekommt man, wenn man alt ist und nicht mehr arbeitet. Viele Leute sparen zusätzlich Geld für ihre Rente, weil die Rente aus der Rentenversicherung oft nicht genug ist, um gut leben zu können.

Rechtsschutzversicherung

Rechtsschutzversicherung hilft uns, wenn wir rechtliche Probleme haben und einen Anwalt brauchen. Das kann passieren, wenn man zum Beispiel mit dem Vermieter, dem Arbeitgeber oder nach einem Verkehrsunfall nicht einig ist. Die Rechtsschutzversicherung übernimmt dann die Kosten für den Anwalt und manchmal auch die Gerichtskosten. Das ist sehr nützlich, weil Anwälte und Gerichte teuer sein können.

Wie man eine Versicherung wählt

Es gibt viele Versicherungen, und manchmal ist es schwer zu entscheiden, welche man braucht. Es ist wichtig, über die Risiken nachzudenken, die man hat. Man sollte auch überlegen, wie viel Geld man bezahlen kann und möchte. Es ist eine gute Idee, Angebote von verschiedenen Versicherungen zu vergleichen. Manchmal kann man Geld sparen, wenn man mehrere Versicherungen bei derselben Firma hat.

Versicherungen können helfen, wenn man ein Problem hat. Sie können aber auch teuer sein. Deshalb ist es wichtig, sorgfältig zu überlegen, welche Versicherungen man wirklich braucht. Es ist auch wichtig, die Bedingungen der Versicherung gut zu lesen, damit man weiß, was die Versicherung bezahlt und was nicht.

Wortschatz: Finanzen und Steuern

Nomen

das Konto (-en): Ein Ort bei der Bank, wo das Geld aufbewahrt wird.
Beispiel: Ich habe ein Konto bei der Sparkasse.

die Überweisung (-en): Geld von einem Konto auf ein anderes Konto schicken.
Beispiel: Ich mache eine Überweisung für die Miete.

die EC-Karte (-en): Eine Karte, die man zum Bezahlen und Geld abheben nutzen kann.

Beispiel: Ich bezahle im Supermarkt mit meiner EC-Karte.

die Steuer (-n): Geld, das man an den Staat zahlen muss, z.B. auf das Einkommen.
Beispiel: Ich zahle jedes Jahr Steuern auf mein Einkommen.

das Einkommen (keine Pluralform): Das Geld, das man durch Arbeit verdient.
Beispiel: Mein Einkommen ist genug für die Miete und das Essen.

die Umsatzsteuer (-n): Eine Steuer, die auf Produkte und Dienstleistungen erhoben wird.
Beispiel: Die Umsatzsteuer ist schon im Preis enthalten.

die Steuererklärung (-en): Ein Formular, das man ausfüllen muss, um die Steuern anzugeben.
Beispiel: Ich mache meine Steuererklärung im April.

die Versicherung (-en): Ein Schutz, bei dem man Geld bekommt, wenn ein Schaden entsteht.
Beispiel: Ich habe eine Versicherung für mein Auto.

der Schaden (Schäden): Ein Problem oder Verlust, das Geld kostet, z.B. eine Reparatur.
Beispiel: Der Schaden am Auto ist groß und muss repariert werden.

der Lebensunterhalt (keine Pluralform): Geld, das man für das tägliche Leben braucht, z.B. für Essen und Wohnen.
Beispiel: Ich arbeite, um meinen Lebensunterhalt zu verdienen.

Verben

eröffnen: Etwas neu starten, z.B. ein Geschäft oder ein Konto bei der Bank.
Beispiel: Ich möchte ein neues Konto eröffnen.

verwalten: Sich um etwas kümmern und es organisieren, z.B. das Geld.
Beispiel: Ich verwalte mein Geld gut, um zu sparen.

überweisen: Geld von einem Konto zu einem anderen Konto schicken.
Beispiel: Ich überweise Geld für die Miete.

abheben: Geld vom Konto nehmen.
Beispiel: Ich hebe am Automaten Bargeld ab.

sich beraten lassen: Hilfe oder Rat von jemandem holen, z.B. von einem Finanzberater.
Beispiel: Ich lasse mich zu meinen Finanzen beraten.

Nomen + Verb

ein Konto eröffnen: Ein neues Konto bei der Bank anfangen.
Beispiel: Ich möchte ein Konto eröffnen, um mein Geld zu sparen.

Geld sparen: Geld zur Seite legen, um es später zu nutzen.
Beispiel: Ich spare Geld für einen Urlaub.

Finanzen verwalten: Das Geld planen und organisieren.
Beispiel: Ich verwalte meine Finanzen, um besser zu sparen.

Rechnungen bezahlen: Geld für eine Rechnung geben, z.B. für Strom oder Wasser.
Beispiel: Ich bezahle jeden Monat meine Rechnungen.
eine Überweisung tätigen: Geld auf ein anderes Konto schicken.

Beispiel: Ich tätige eine Überweisung für die Miete.

Bargeld abheben: Geld in bar vom Konto holen.
Beispiel: Ich hebe Bargeld am Automaten ab.

Geld einzahlen: Geld auf ein Konto legen.
Beispiel: Ich zahle Geld auf mein Sparkonto ein.

sich beim Finanzamt anmelden: Offiziell seine Steuern und Finanzen angeben.
Beispiel: Ich muss mich beim Finanzamt anmelden, wenn ich arbeite.

einen Beruf ausüben: In einem Job arbeiten.
Beispiel: Er übt einen Beruf als Lehrer aus.

Adjektive

gewinnbringend: Etwas, das mehr Geld einbringt.
Beispiel: Diese Investition ist sehr gewinnbringend.

öffentlich: Für alle zugänglich, nicht privat.
Beispiel: Er nutzt den öffentlichen Nahverkehr.

persönlich: Etwas, das zu einer einzelnen Person gehört oder passt.
Beispiel: Das ist meine persönliche EC-Karte.

kompliziert: Etwas, das schwer zu verstehen oder zu machen ist.
Beispiel: Die Steuererklärung ist kompliziert.

niedrig: Wenig oder kleiner als üblich, z.B. ein Preis oder Einkommen.
Beispiel: Die Miete in meinem Dorf ist niedrig.

sicher: Ohne Gefahr oder Risiko.
Beispiel: Das Geld ist auf dem Konto sicher.

nützlich: Etwas, das einem hilft oder praktisch ist.
Beispiel: Eine Versicherung ist oft nützlich im Notfall.

IX. TRANSPORT UND MOBILITÄT

34. Öffentliche Verkehrsmittel und Tarifsysteme

In Deutschland gibt es viele öffentliche Verkehrsmittel. Dazu gehören Busse, Bahnen, U-Bahnen und Straßenbahnen. Diese Verkehrsmittel helfen uns, von einem Ort zum anderen zu kommen, ohne ein Auto benutzen zu müssen. Sie sind besonders in großen Städten wichtig, aber es gibt sie auch in kleineren Orten. Hier erklären wir, wie die öffentlichen Verkehrsmittel und die Tarifsysteme funktionieren.

Öffentliche Verkehrsmittel nutzen
Um die öffentlichen Verkehrsmittel zu nutzen, braucht man ein Ticket. Es gibt verschiedene Arten von Tickets. Einige sind für eine einzelne Fahrt, andere für den ganzen Tag. Manche Tickets gelten für eine Woche oder sogar einen Monat. Welches Ticket man braucht, hängt davon ab, wie oft und wie weit man fährt.

Tarifzonen
Die Preise für die Tickets hängen oft von Tarifzonen ab. Eine Tarifzone ist ein bestimmter Bereich, in dem das Ticket gültig ist. In großen Städten gibt es oft mehrere Zonen. Je weiter man fährt, desto mehr Zonen durchquert man und desto teurer wird das Ticket. Man muss also vor der Fahrt wissen, wie viele Zonen man durchfahren will.

Fahrkarten kaufen
Fahrkarten kann man auf verschiedene Weisen kaufen. An vielen Haltestellen gibt es Automaten, an denen man Tickets kaufen kann. In Bussen kann man oft beim Fahrer ein Ticket kaufen. Viele Verkehrsbetriebe haben auch Apps, mit denen man Tickets digital

kaufen kann. Das ist sehr praktisch, weil man dann das Ticket auf dem Smartphone hat.

Ermäßigungen

Es gibt oft Ermäßigungen für bestimmte Gruppen. Kinder, Schüler, Studierende und ältere Menschen bekommen meistens günstigere Tickets. Auch Menschen, die wenig Geld haben, können manchmal Vergünstigungen bekommen. Es lohnt sich zu fragen, ob es Ermäßigungen gibt.

Fahrradmitnahme

In vielen öffentlichen Verkehrsmitteln kann man auch ein Fahrrad mitnehmen. Das ist nützlich, wenn man Teil der Strecke mit dem Fahrrad zurücklegen möchte. Manchmal muss man für das Fahrrad ein extra Ticket kaufen.

Nachtverkehr

In großen Städten fahren oft auch nachts Busse und Bahnen. Das ist gut, wenn man spät abends noch unterwegs ist. Der Nachtverkehr hat oft eigene Tickets und Tarife.

Öffentliche Verkehrsmittel sind eine gute Möglichkeit, um in Deutschland von einem Ort zum anderen zu kommen. Sie sind umweltfreundlich und oft günstiger als das Auto. Das Tarifsystem kann am Anfang kompliziert wirken, aber wenn man es einmal verstanden hat, ist es einfach zu nutzen. Mit den richtigen Tickets und ein bisschen Planung kann man fast überall hinkommen.

35. Autofahren in Deutschland: Vorschriften und Führerschein

In Deutschland Auto zu fahren, ist für viele Menschen wichtig. Es gibt Regeln, die man kennen muss, und Informationen über den Führerschein, die besonders für Ausländer und Einwanderer nützlich sind. Hier erklären wir, was man beachten muss, wenn man in Deutschland Autofahren möchte.

Führerschein

Wenn man aus einem anderen Land kommt, kann man oft seinen ausländischen Führerschein benutzen, aber nicht immer und nicht unbegrenzt. In der Regel gilt der ausländische Führerschein für die ersten sechs Monate nach der Einreise nach Deutschland. Danach muss man in einigen Fällen einen deutschen Führerschein beantragen oder den ausländischen Führerschein umschreiben lassen. Ob man eine Prüfung ablegen muss, hängt vom Herkunftsland ab. Länder, die ein Abkommen mit Deutschland haben, erleichtern diesen Prozess oft.

Verkehrsregeln

Die Verkehrsregeln in Deutschland können sich von denen in anderen Ländern unterscheiden. Hier sind einige wichtige Regeln:

- die Höchstgeschwindigkeit auf Autobahnen ist oft 130 km/h, aber es gibt Abschnitte ohne Geschwindigkeitsbegrenzung. Trotzdem sollte man nicht schneller fahren, als es sicher ist;
- in Städten darf man meistens nur 50 km/h fahren, in Wohngebieten oft nur 30 km/h;
- man muss immer den Sicherheitsgurt anlegen, und Kinder brauchen spezielle Sitze;
- am Steuer darf man nicht mit dem Handy telefonieren, es sei denn, man hat eine Freisprechanlage.

Versicherung

Für jedes Auto in Deutschland ist eine Haftpflichtversicherung gesetzlich vorgeschrieben. Diese Versicherung deckt Schäden ab, die man anderen mit dem Auto zufügt. Viele Leute entscheiden sich auch für eine Kaskoversicherung, die Schäden am eigenen Auto abdeckt.

TÜV und AU

In Deutschland muss jedes Auto regelmäßig zum TÜV (Technischer Überwachungsverein). Das ist eine technische Untersuchung, die sicherstellt, dass das Auto sicher ist und die Umwelt nicht zu sehr belastet. Zusammen mit dem TÜV wird oft auch die AU (Abgasuntersuchung) gemacht. Diese Prüfungen sind wichtig und gesetzlich vorgeschrieben.

Parken

Das Parken kann in deutschen Städten schwierig und teuer sein. Man sollte immer auf die Schilder achten, die zeigen, wo und wann man parken darf. In vielen Städten gibt es Parkzonen, für die man einen Parkschein braucht.

Autofahren in Deutschland erfordert, dass man sich an die Regeln hält und einen gültigen Führerschein hat. Es ist wichtig, sich über die lokalen Verkehrsregeln, die notwendige Versicherung und die regelmäßigen technischen Untersuchungen zu informieren. Mit diesen Informationen kann das Autofahren in Deutschland eine gute Erfahrung sein.

36. Radfahren und alternative Verkehrsmittel

In Deutschland stehen viele Möglichkeiten zur Verfügung, um sich auch ohne Auto zu bewegen. Radfahren und andere alternative Verkehrsmittel sind nicht nur gut für die Umwelt, sondern können auch schneller und günstiger sein, besonders in großen Städten. Hier sprechen wir über das Radfahren und andere Alternativen.

Radfahren

Deutschland hat viele Radwege, die das Radfahren sicher und angenehm machen. In Städten gibt es oft spezielle Fahrradstraßen oder markierte Wege auf den Straßen. Radfahren ist eine gute Möglichkeit, um kurze oder mittlere Strecken zurückzulegen. Es ist nicht nur kostenlos, sondern auch gut für die Gesundheit.

Beim Radfahren sollte man immer einen Helm tragen und sicherstellen, dass das Fahrrad in gutem Zustand ist. Das bedeutet, dass die Bremsen funktionieren und die Lichter abends eingeschaltet sind. In Deutschland ist es wichtig, die Verkehrsregeln zu kennen und zu befolgen, zum Beispiel immer auf der rechten Seite (oder auf dem Radweg) zu fahren und Handzeichen zu geben, wenn man abbiegt.

Öffentliche Verkehrsmittel

Neben dem Radfahren sind öffentliche Verkehrsmittel wie Busse, Bahnen und Straßenbahnen eine gute Alternative zum Auto. Sie sind oft schnell und bringen einen direkt dorthin, wo man hinmöchte. Viele Städte haben Tickets, die für alle Arten von öffentlichen Verkehrsmitteln gelten, was die Nutzung sehr einfach macht.

Carsharing und Fahrgemeinschaften

Carsharing ist eine Möglichkeit, ein Auto zu nutzen, ohne eines zu besitzen. Man kann ein Auto für kurze Zeit mieten und es dann wieder abgeben. Das ist praktisch, wenn man ab und zu ein Auto braucht, aber nicht jeden Tag. Fahrgemeinschaften sind eine andere Möglichkeit, besonders für längere Strecken. Dabei teilen sich mehrere Personen ein Auto und die Kosten für Benzin.

E-Scooter und andere elektrische Fahrzeuge

In vielen deutschen Städten kann man auch E-Scooter mieten. Diese kleinen elektrischen Roller sind eine schnelle Möglichkeit, um kurze Strecken in der Stadt zurückzulegen. Es gibt auch elektrische Fahrräder, die besonders nützlich sind, wenn man bergauf fahren muss oder eine längere Strecke hat.

Viele Alternativen stehen zur Verfügung, um in Deutschland mobil zu sein, ohne auf ein Auto angewiesen zu sein. Radfahren ist eine gesunde und umweltfreundliche Option, und es gibt viele gute Radwege. Öffentliche Verkehrsmittel, Carsharing und Fahrgemeinschaften sind praktisch für längere Strecken oder wenn man kein Fahrrad benutzen kann. E-Scooter und elektrische Fahrräder bieten schnelle und einfache Alternativen für kurze Wege. Es ist wichtig, immer die Verkehrsregeln zu befolgen und sicher zu fahren, egal welches Verkehrsmittel man wählt.

37. Reisen innerhalb Deutschlands und Europas

Für Ausländer und Einwanderer bietet Deutschland viele spannende Reisemöglichkeiten, nicht nur innerhalb des Landes, sondern auch in ganz Europa. Dank der guten Lage Deutschlands und des ausgezeichneten Verkehrsnetzes ist das Reisen einfach und oft auch günstig. Hier erfahren Sie, wie Sie am besten reisen können und was Sie beachten sollten.

Innerhalb Deutschlands reisen

Deutschland hat ein sehr gut entwickeltes Bahnnetz. Die Deutsche Bahn bietet verschiedene Arten von Zügen an, von lokalen Zügen bis hin zu schnellen ICE-Zügen, die große Städte miteinander verbinden. Für längere Strecken sind die schnelleren Züge oft die beste Wahl, auch wenn sie teurer sein können. Es gibt Sparangebote und Ländertickets, die das Reisen günstiger machen, besonders wenn man in einer Gruppe reist oder früh bucht.

Busse sind eine weitere Möglichkeit, um Deutschland zu erkunden. Viele Busunternehmen bieten Fahrten zwischen Städten an. Busse sind oft günstiger als Züge, die Fahrt kann aber länger dauern.

Reisen in Europa

Dank der offenen Grenzen innerhalb der Europäischen Union und des Schengen-Raums ist das Reisen in Europa für Ausländer und Einwanderer in Deutschland einfach. Man kann mit dem Zug, Bus oder Flugzeug in viele europäische Länder reisen, ohne strenge Grenzkontrollen.

Fliegen ist oft die schnellste Art, längere Strecken in Europa zurückzulegen. Viele Fluggesellschaften, darunter auch Billigflieger, bieten Flüge zwischen deutschen und europäischen Städten an. Züge sind eine gute Alternative für Reisen in Nachbarländer. Internationale Züge, wie der Eurostar oder Thalys, verbinden Deutschland mit anderen europäischen Ländern. Nachtzüge bieten eine besondere Erfahrung und die Möglichkeit, lange Strecken ohne Hotelkosten zurückzulegen.

Busse sind eine preiswerte Option auch für internationale Reisen. Viele Busunternehmen bieten direkte Verbindungen zwischen deutschen Städten und Zielen in ganz Europa an.

Tipps für das Reisen
- Buchen Sie Tickets im Voraus, um die besten Preise zu bekommen.
- Vergleichen Sie Preise und Reisezeiten zwischen verschiedenen Verkehrsmitteln.
- Informieren Sie sich über die Reisedokumente, die Sie für die Einreise in andere europäische Länder benötigen.
- Nutzen Sie Reise-Apps und Websites, um Ihre Reise zu planen und aktuelle Informationen zu bekommen.

Reisen in Deutschland und Europa bietet für Ausländer und Einwanderer die Möglichkeit, neue Orte zu entdecken und verschiedene Kulturen kennenzulernen. Mit ein bisschen Planung kann das Reisen ein spannendes und bereicherndes Erlebnis sein.

Wortschatz: Transport und Mobilität

Nomen

das Ticket (-s) / der Fahrschein (-e): Ein Papier oder eine Karte, die man kauft, um mit dem Bus oder Zug zu fahren.
Beispiel: Ich kaufe ein Ticket für die Zugfahrt nach Berlin./ Ich kaufe einen Fahrschein für die Zugfahrt nach Berlin.

die Tarifzone (-en): Ein Bereich, für den der Preis für ein Ticket gilt.
Beispiel: Mein Ticket ist nur für eine Tarifzone gültig.

der Fahrplan (-pläne): Eine Liste mit den Zeiten, wann Busse oder Züge fahren.
Beispiel: Ich schaue im Fahrplan, wann der nächste Zug kommt.

die Ermäßigung (-en): Ein Rabatt, zum Beispiel für Schüler.
Beispiel: Ich bekomme eine Ermäßigung, weil ich Student bin.

die Gemeinschaft (-en): Eine Gruppe von Menschen, die etwas gemeinsam nutzen oder machen.
Beispiel: Die Gemeinschaft plant eine Fahrt ins Grüne.

die Fahrgemeinschaft (-en): Eine Gruppe, die zusammen mit dem Auto fährt, um Geld zu sparen.
Beispiel: Wir bilden eine Fahrgemeinschaft zur Arbeit.

das Fahrzeug (-e): Ein Transportmittel wie Auto, Bus oder Fahrrad.
Beispiel: Ein Auto ist ein schnelles Fahrzeug.

die TÜV-Prüfung (-en): Eine technische Kontrolle, ob das Auto sicher ist.
Beispiel: Mein Auto muss zur TÜV-Prüfung.

Verben

nutzen: Etwas verwenden oder gebrauchen, z.B. ein Fahrrad.
Beispiel: Ich nutze das Fahrrad, um zur Arbeit zu fahren.

entwerten: Das Ticket markieren, damit es gültig wird.
Beispiel: Ich entwerte mein Ticket vor der Fahrt.

gültig sein: Wenn etwas benutzt werden darf, z.B. ein Ticket.
Beispiel: Mein Ticket ist zwei Stunden gültig.

durchqueren: Von einer Seite zur anderen Seite fahren oder gehen.
Beispiel: Wir durchqueren die Stadt mit dem Bus.

beantragen: Offiziell um etwas bitten, z.b. ein Dokument bei einer Behörde.
Beispiel: Ich habe meinen Führerschein verloren, deswegen muss einen neuen Führerschein beantragen.

umsteigen: In ein anderes Verkehrsmittel wechseln.
Beispiel: Ich muss in Berlin in einen anderen Zug umsteigen.

überprüfen: Kontrollieren, ob etwas richtig oder sicher ist.
Beispiel: Der Mechaniker überprüft das Auto vor der Fahrt.

Nomen + Verb

Geld sparen: Geld zur Seite legen, um es später zu nutzen.
Beispiel: Wir sparen Geld, wenn wir eine Fahrgemeinschaft machen.

eine Fahrt planen: Überlegen, wann und wie man wohin fährt.
Beispiel: Ich plane eine Fahrt in die Berge.

ein Fahrrad mitnehmen: Das Fahrrad auf eine Reise mitbringen.
Beispiel: Ich nehme mein Fahrrad mit auf den Ausflug.

eine Fahrkarte entwerten: Das Ticket markieren, damit es gültig ist.
Beispiel: Ich entwerte meine Fahrkarte am Automaten.

sich im Voraus informieren: Vorher nach wichtigen Informationen suchen.

Beispiel: Ich informiere mich im Voraus über den Fahrplan.

einen Führerschein beantragen: Einen Führerschein offiziell anfordern.
Beispiel: Ich beantrage meinen Führerschein im Rathaus.

eine Versicherung abschließen: Eine Versicherung beginnen, z.B. für das Auto.
Beispiel: Ich schließe eine Versicherung für mein Auto ab.

den Sicherheitsgurt anlegen: Den Gurt im Auto zum Schutz benutzen.
Beispiel: Im Auto lege ich immer den Sicherheitsgurt an.

den TÜV bestehen: Die technische Kontrolle vom Auto erfolgreich abschließen.
Beispiel: Mein Auto hat den TÜV bestanden.

Adjektive

öffentlich: Für alle zugänglich, nicht privat.
Beispiel: Der Bus ist ein öffentliches Verkehrsmittel.

gültig: Erlaubt und noch nutzbar, z.B. ein Ticket.
Beispiel: Mein Ticket ist nur heute gültig.

ermäßigt: Ein Preis, der reduziert ist.
Beispiel: Das Ticket für Schüler ist häufig ermäßigt.

flexibel: Anpassbar oder variabel.
Beispiel: Die Abfahrtszeiten sind flexibel.

umweltfreundlich: Gut für die Umwelt.

Beispiel: Ein Fahrrad ist umweltfreundlich.

kostenpflichtig: Etwas, das Geld kostet.
Beispiel: Der Parkplatz ist kostenpflichtig.

bequem: Angenehm und komfortabel.
Beispiel: Der Zug ist bequem für lange Fahrten.

günstig /preiswert: Nicht teuer.
Beispiel: Das Ticket nach Paris ist günstig./ Das Ticket nach Paris ist preiswert.

X. INTEGRATION UND SOZIALES LEBEN

38. Integrationskurse und -programme

In Deutschland gibt es spezielle Kurse und Programme, die Einwanderern helfen, sich besser einzuleben. Diese Integrationskurse sind wichtig, weil sie nicht nur beim Deutschlernen helfen, sondern auch viel über die Kultur, Gesetze und das Leben in Deutschland erklären. Hier erfahren Sie, wie diese Kurse funktionieren und warum sie nützlich sind.

Was sind Integrationskurse?

Integrationskurse bestehen meistens aus zwei Teilen: einem Sprachkurs und einem Orientierungskurs. Der Sprachkurs hilft Ihnen, Deutsch zu lernen. Am Anfang lernen Sie einfache Sätze und Wörter, die Sie im Alltag brauchen. Später lernen Sie mehr, so dass Sie sich mit anderen unterhalten können und Dinge verstehen können, die für Ihr Leben in Deutschland wichtig sind. Nach dem Sprachkurs gibt es eine Prüfung.

Der Orientierungskurs ist der zweite Teil. Hier lernen Sie Dinge über die deutsche Geschichte, Kultur und die Rechte und Pflichten, die man in Deutschland hat. Sie lernen auch, wie das politische System funktioniert und wie man zum Beispiel Ämter und Behörden nutzt.

Für wen sind die Integrationskurse?

Die Kurse sind für alle Einwanderer gedacht, die neu in Deutschland sind und noch nicht gut Deutsch sprechen. Manche Menschen müssen einen Integrationskurs machen, für andere ist es freiwillig. Aber auch wenn es freiwillig ist, ist es eine gute Idee, einen solchen Kurs zu besuchen.

Wie kann man sich anmelden?

Wenn Sie einen Integrationskurs machen möchten, müssen Sie sich zuerst bei der Ausländerbehörde, Arbeitsagentur oder beim Bundesamt für Migration und Flüchtlinge (BAMF) melden. Sie erklären Ihnen, wie Sie sich anmelden können und ob Sie einen Kurs machen müssen oder ob es freiwillig ist.

Warum sind diese Kurse wichtig?

Diese Kurse sind sehr wichtig, weil sie Ihnen helfen, sich in Deutschland zu orientieren. Ohne gute Deutschkenntnisse ist es schwer, Arbeit zu finden, neue Freunde zu machen oder einfach nur im Alltag zurechtzukommen. Der Orientierungskurs gibt Ihnen wertvolle Informationen, die Ihnen helfen, dich in Deutschland sicherer zu fühlen und zu verstehen, wie hier alles funktioniert.

Integrationskurse sind eine großartige Möglichkeit für Einwanderer und Flüchtlinge, um Deutsch zu lernen und mehr über das Leben in Deutschland zu erfahren. Sie bieten wichtige Informationen und unterstützen Sie dabei, sich hier einzuleben. Wenn Sie neu in Deutschland sind, sollten Sie überlegen, einen solchen Kurs zu besuchen. Es ist ein guter Schritt, um ein neues Leben in einem neuen Land zu beginnen.

Berufsbezogene Deutschkurse

Neben den allgemeinen Integrationskursen bietet das Bundesamt für Migration und Flüchtlinge (BAMF) auch berufsbezogene Deutschkurse an. Diese Kurse sind speziell dafür gedacht, Ihnen dabei zu helfen, die Sprachkenntnisse zu erwerben oder zu verbessern, die Sie für den Arbeitsmarkt in Deutschland benötigen. Hier erklären wir, was diese Kurse beinhalten und warum sie so wichtig sind.

Was sind berufsbezogene Deutschkurse?

Berufsbezogene Deutschkurse sind Teil des Programms „Deutsch für den Beruf". Diese Kurse richten sich an Menschen, die bereits grundlegende Deutschkenntnisse haben und diese für ihre berufliche Laufbahn verbessern möchten. In diesen Kursen lernt man Fachvokabular und Ausdrücke, die in verschiedenen Berufsfeldern wichtig sind. Das kann von technischen Berufen bis hin zu Dienstleistungsberufen reichen. Diese Kurse sind für Einwanderer, die bereits in Deutschland leben und arbeiten möchten oder schon arbeiten. Die Teilnehmer sollten schon Grundkenntnisse in Deutsch haben, weil die Kurse auf diesen aufbauen, um spezifischere Sprachfähigkeiten zu vermitteln.

Wie kann man teilnehmen?

Um an einem berufsbezogenen Deutschkurs teilzunehmen, muss man sich beim BAMF oder bei einer Beratungsstelle anmelden. Dort wird geprüft, ob man für den Kurs geeignet ist und welche Sprachkenntnisse man bereits hat. Manchmal ist auch eine Empfehlung vom Jobcenter oder der Agentur für Arbeit notwendig.

Gute Deutschkenntnisse sind auf dem deutschen Arbeitsmarkt sehr wichtig. Mit den berufsbezogenen Deutschkursen kann man seine Chancen auf eine gute Stelle verbessern. Man lernt nicht nur die Sprache besser, sondern versteht auch, wie der Arbeitsmarkt in Deutschland funktioniert und was Arbeitgeber erwarten. Das kann Ihnen helfen, schneller eine Arbeit in Deutschland zu finden und sich im Beruf besser zurechtzufinden.

39. Freizeit und soziales Engagement

Deutschland bietet zahlreiche Optionen, um die Freizeit zu gestalten und sich sozial zu engagieren. Freizeitaktivitäten und soziales

Engagement sind nicht nur gut, um Spaß zu haben und neue Leute kennenzulernen, sondern auch, um die deutsche Kultur besser zu verstehen und einen Beitrag zur Gesellschaft zu leisten. Hier sind einige Ideen, wie man seine Freizeit in Deutschland verbringen und sich gleichzeitig sozial engagieren kann.

Sportvereine und Fitness
Viele Deutsche treiben gerne Sport. Es gibt in fast jeder Stadt Sportvereine, wo man Fußball, Handball, Tennis, Schwimmen und viele andere Sportarten machen kann. Diese Vereine sind eine gute Möglichkeit, aktiv zu sein und Freundschaften zu schließen. Wenn man weniger an Mannschaftssportarten interessiert ist, kann man auch ein Fitnessstudio besuchen. Dort kann man individuell trainieren oder an Gruppenkursen teilnehmen.

Kulturelle Aktivitäten
Deutschland hat ein reiches kulturelles Angebot. Es gibt viele Museen, Theater, Opern und Konzerthallen, die oft Veranstaltungen und Ausstellungen anbieten. Viele Städte haben auch Kinos, die Filme in Originalsprache zeigen. Das ist eine gute Möglichkeit, die deutsche Sprache zu üben und gleichzeitig etwas über Kultur zu lernen.

Ehrenamtliche Arbeit
Sich ehrenamtlich zu engagieren ist eine beliebte Freizeitbeschäftigung in Deutschland. Es gibt viele Organisationen und Projekte, die Freiwillige suchen. Man kann zum Beispiel in einem Tierheim helfen, bei der Tafel Essen an Bedürftige verteilen oder sich in einem Umweltprojekt engagieren. Ehrenamtliche Arbeit gibt einem das Gefühl, etwas Gutes zu tun und ist eine tolle Chance, die deutsche Gesellschaft besser kennenzulernen.

Sprachtandems und internationale Gruppen
Für diejenigen, die neu in Deutschland sind und die Sprache lernen möchten, sind Sprachtandems eine gute Idee. Man trifft sich mit einem deutschen Partner, der vielleicht Ihre Sprache lernen möchte, und spricht abwechselnd Deutsch und Ihre Muttersprache. Es gibt auch internationale Gruppen und Treffen, wo Menschen aus verschiedenen Ländern zusammenkommen. Das ist eine gute Möglichkeit, Freunde zu finden und mehr über andere Kulturen zu erfahren.

Natur und Reisen
Deutschland hat wunderschöne Natur, von den Bergen in Bayern bis zu den Stränden an der Nord- und Ostsee. Wandern, Radfahren oder einfach ein Picknick im Park sind beliebte Freizeitaktivitäten. Auch Reisen innerhalb Deutschlands oder in europäische Nachbarländer ist einfach und oft nicht sehr teuer. So kann man neue Orte entdecken und interessante Erfahrungen machen.

In Deutschland kann man auf verschiedene Weise seine Freizeit genießen und sich gleichzeitig sozial engagieren. Von Sport und Kultur bis hin zu ehrenamtlicher Arbeit und Naturerlebnissen – für jeden ist etwas dabei. Diese Aktivitäten sind nicht nur eine gute Möglichkeit, Spaß zu haben und zu entspannen, sondern auch, um die deutsche Sprache und Kultur besser kennenzulernen und neue Freunde zu finden.

40. Umgang mit Kulturschock und Anpassung

Wenn man nach Deutschland kommt, ist alles neu: die Sprache, die Menschen und wie der Alltag funktioniert. Das kann manchmal überwältigend sein, aber es gibt viele Wege, sich anzupassen und sich hier wohlzufühlen. Hier sind einige konkrete Beispiele und Tipps, wie man mit dem Kulturschock umgehen kann.

Deutsch lernen durch Alltagssituationen
Es ist klar, dass Sprache der Schlüssel zur Integration ist. Aber wie lernt man am besten Deutsch? Neben Sprachkursen kann man zum Beispiel im Supermarkt üben. Versuchen Sie die Namen von Obst und Gemüse auf Deutsch zu lernen. Oder fragen Sie Nachbarn und Kollegen, ob sie mit Ihnen auf Deutsch sprechen, auch wenn es langsamer geht.

Deutsche Kultur beim Bäcker erleben
Die deutsche Kultur steckt in kleinen Dingen. Zum Beispiel lieben Deutsche Brot und Kuchen. Ein Besuch in einer traditionellen Bäckerei kann Ihnen nicht nur die Vielfalt des deutschen Brotes zeigen, sondern auch, wie man bestellt und bezahlt. Das ist Kultur zum Anfassen und Schmecken.

Mit Einheimischen ins Gespräch kommen
Ein gutes Beispiel für den Kontakt mit Einheimischen ist der Besuch von lokalen Festen oder Märkten. In Deutschland gibt es viele Feste, von Weihnachtsmärkten bis zu Stadtfesten. Hier können Sie Menschen treffen, deutsche Traditionen erleben und Ihr Deutsch praktisch anwenden.

Ihre Kultur teilen
Ihre eigene Kultur zu teilen, kann auch eine Brücke bauen. Vielleicht können Sie ein Gericht aus Ihrem Heimatland kochen und

Ihre deutschen Freunde zum Essen einladen. Das gibt Ihnen die Möglichkeit, über Ihre Kultur zu sprechen und gleichzeitig mehr über die deutschen Essgewohnheiten zu lernen.

Geduld mit der Bürokratie haben
Deutschland ist bekannt für seine Bürokratie. Ein konkretes Beispiel ist die Anmeldung beim Einwohnermeldeamt. Hier ist es wichtig, alle notwendigen Dokumente dabei zu haben und geduldig zu sein. Es könnte hilfreich sein, sich vorher im Internet zu informieren oder jemanden zu bitten, der Deutsch spricht, Sie zu begleiten.

Hilfe suchen
Wenn Sie sich überfordert fühlen, gibt es in vielen Städten Beratungsstellen für Einwanderer. Sie bieten zum Beispiel Hilfe beim Ausfüllen von Formularen oder Unterstützung, wenn Sie sich einsam fühlen. Ein Besuch solcher Organisationen kann Ihnen zeigen, dass Sie nicht allein sind und dass es viele Menschen gibt, die helfen wollen.

Der Schlüssel zur Anpassung in Deutschland liegt darin, aktiv zu sein und die neuen Erfahrungen als Chance zu sehen. Durch das Erlernen der Sprache in alltäglichen Situationen, das Teilnehmen an lokalen Festen und das Teilen Ihrer eigenen Kultur können Sie nicht nur den Kulturschock überwinden, sondern auch ein tieferes Verständnis für Deutschland entwickeln. Erinnern Sie sich daran, geduldig mit sich selbst zu sein und Hilfe zu suchen, wenn Sie sie brauchen. Mit der Zeit werden Sie sich immer mehr wie zu Hause fühlen.

41. Religion und kulturelle Vielfalt

In Deutschland leben Menschen aus vielen verschiedenen Teilen der Welt. Das bringt eine große Vielfalt an Religionen und Kulturen mit sich. Jede Kultur und jede Religion hat ihre eigenen Bräuche, Feiern und Lebensweisen. Diese Vielfalt macht das Leben in Deutschland reich und interessant.

Religionen in Deutschland

In Deutschland ist das Christentum weit verbreitet. Es gibt zwei große Gruppen im Christentum: die Katholiken und die Protestanten. Die Katholiken gehören zur Katholischen Kirche, die von Rom und dem Papst geleitet wird. Die Protestanten sind meistens Teil der Evangelischen Kirche. Diese Gruppen sind unterschiedlich, haben aber viele Gemeinsamkeiten, wie den Glauben an Jesus Christus.

Aber in Deutschland leben nicht nur Christen. Viele Muslime leben auch hier. Sie haben Moscheen, wo sie beten und ihre Feste feiern. Auch Juden gibt es in Deutschland. Sie haben eine lange Geschichte im Land. Ihre Gebetshäuser nennt man Synagogen. Buddhismus und Hinduismus sind weniger verbreitet, aber es gibt auch hierfür Tempel und Gemeinden.

All diese Religionen zeigen, wie vielfältig Deutschland ist. Jede Religion hat ihre eigenen Feste und Bräuche. Zum Beispiel feiern Christen Weihnachten und Ostern, Muslime haben das Zuckerfest und das Opferfest, und Juden feiern Pessach und Jom Kippur. Diese Vielfalt macht das Leben in Deutschland bunt und interessant.

Es ist wichtig, dass in Deutschland alle Religionen gleich behandelt werden. Jeder hat das Recht, seine Religion frei zu leben.

Dieses Recht wird vom Staat geschützt. So können Menschen verschiedener Religionen in Frieden zusammenleben.

Kirchensteuer

In Deutschland zahlen viele Christen Kirchensteuer. Das ist ein Geldbetrag, den Mitglieder der Kirche an ihre Kirche zahlen. Die Kirchensteuer finanziert die vielfältigen Aktivitäten und Einrichtungen der Kirchen, darunter Gottesdienste, Seelsorge, Bildungsarbeit und soziale Dienste. Die Zahlung der Kirchensteuer ist für viele Gläubige ein Ausdruck der Unterstützung ihrer Kirche. Die Kirchensteuer ermöglicht es den Kirchen, eine Vielzahl von sozialen, kulturellen und pädagogischen Projekten zu finanzieren. Dazu gehören Kindergärten, Schulen, Universitäten, Krankenhäuser und Altenheime, die einen wichtigen Beitrag zum gesellschaftlichen Leben in Deutschland leisten.

Kulturelle Vielfalt

Deutschland ist ein Land, in dem Menschen aus der ganzen Welt zusammenkommen. Diese kulturelle Vielfalt sieht man überall – in der Kunst, in der Musik, beim Essen und auf Festivals. In vielen deutschen Städten gibt es zum Beispiel Theaterstücke, Ausstellungen und Konzerte, die Kulturen aus verschiedenen Ländern vorstellen. Man kann Musik aus Afrika hören, Kunst aus Asien sehen oder Theaterstücke aus Südamerika erleben.

Beim Essen ist diese Vielfalt besonders deutlich. In Deutschland kann man fast jede Art von Essen finden. Neben italienischen Pizzerien und türkischen Dönerläden gibt es auch vietnamesische Restaurants, indische Curryhäuser und vieles mehr. Diese kulinarische Vielfalt macht es möglich, die Welt zu entdecken, ohne Deutschland zu verlassen.

Festivals sind ein weiterer Weg, wie Deutschland seine kulturelle Vielfalt feiert. Eines der bekanntesten ist der Karneval der

Kulturen in Berlin. Hier zeigen Menschen aus vielen verschiedenen Ländern ihre Musik, ihre Tänze und ihre Traditionen. Es ist ein großes Fest, das zeigt, wie bunt und vielfältig Deutschland ist.

Gemeinschaft und Zusammenhalt

Das Zusammenleben von Menschen unterschiedlicher Herkunft macht die deutsche Gesellschaft reicher. Es bietet die Chance, voneinander zu lernen und neue Perspektiven zu entdecken. Natürlich gibt es auch Herausforderungen, wenn so viele verschiedene Kulturen aufeinandertreffen. Aber in Deutschland gibt es viele erfolgreiche Beispiele dafür, wie Integration gelingen kann.

Viele Städte und Gemeinden haben Projekte und Initiativen, die das Zusammenleben fördern. Es gibt zum Beispiel Sprachcafés, wo Menschen aus verschiedenen Ländern zusammenkommen, um Deutsch zu üben und neue Freunde zu finden. Es gibt auch interkulturelle Zentren, die Workshops, Kurse und Veranstaltungen anbieten. Diese Projekte helfen nicht nur bei der Integration, sondern stärken auch den Zusammenhalt in der Gesellschaft.

Das Bauen von Brücken zwischen den Kulturen ist ein wichtiger Teil des Zusammenlebens in Deutschland. Es geht darum, Unterschiede zu respektieren und Gemeinsamkeiten zu finden. Viele Menschen engagieren sich ehrenamtlich, um Flüchtlingen zu helfen oder kulturelle Veranstaltungen zu organisieren.

Insgesamt ist die kulturelle Vielfalt eine der großen Stärken Deutschlands. Sie macht das Land interessanter und lebendiger. Durch das Zusammenleben und den Austausch zwischen den Kulturen entsteht ein tiefes Verständnis füreinander. Dies fördert nicht nur die Integration, sondern auch den Frieden und die Freundschaft zwischen den Menschen.

Wortschatz: Integration und soziales Leben

Nomen

das Amt (Ämter): Eine offizielle Stelle, wo man Hilfe oder Informationen bekommen kann.
Beispiel: Ich gehe zum Amt, um meinen neuen Pass zu beantragen.

das Ehrenamt (-ämter): Eine Arbeit, die man freiwillig und ohne Geld macht.
Beispiel: Sie arbeitet im Ehrenamt und hilft Kindern.

der Einheimische (-n): Eine Person, die aus einem bestimmten Ort kommt.
Beispiel: Einheimische kennen die besten Orte in der Stadt.

die Gemeinsamkeit (-en): Etwas, das zwei Personen oder Gruppen gemeinsam haben.
Beispiel: Wir haben viele Gemeinsamkeiten, wie unsere Hobbys.

die Herkunft (-künfte): Der Ort oder das Land, wo jemand herkommt.
Beispiel: Meine Herkunft ist Deutschland.

die Gesellschaft (-en): Alle Menschen, die in einem Land oder Ort zusammenleben.
Beispiel: Eine Gesellschaft sollte alle Menschen gleich behandeln.

der Verein (-e): Eine Gruppe von Menschen, die sich für ein gemeinsames Ziel treffen.
Beispiel: Ich spiele Fußball im Verein.

die Vielfalt (keine Pluralform): Viele verschiedene Arten von Menschen, Dingen oder Kulturen.
Beispiel: Unsere Stadt zeigt eine große Vielfalt an Sprachen und Kulturen.

Verben

teilnehmen an (Dat.): Bei etwas mitmachen.
Beispiel: Ich nehme am Sprachkurs teil.

melden: Jemandem etwas sagen oder Bescheid geben.
Beispiel: Ich melde dem Lehrer, dass ich eine neue Lösung für die Aufgabe habe.

sich melden: Zeigen, dass man etwas sagen oder fragen möchte.
Beispiel: Im Unterricht melde ich mich, wenn ich eine Frage habe.

sich anmelden für (Ak.)/ bei (Dat.): Sich für einen Kurs oder ein Programm registrieren, bei einer Firma oder Organisation
Beispiel: Ich melde mich für den Deutschkurs bei der Volkshochschule München an.

verbessern: Etwas besser machen.
Beispiel: Ich möchte meine Sprachkenntnisse verbessern.

zurechtkommen: Gut mit einer Situation oder Menschen umgehen können.
Beispiel: Ich komme gut mit meinen neuen Kollegen zurecht.

unterstützen: Jemandem helfen.
Beispiel: Meine Freunde unterstützen mich bei meinen Zielen.

vermitteln: Jemandem helfen, etwas zu verstehen oder zu bekommen.
Beispiel: Der Lehrer vermittelt den Schülern wichtiges Wissen.

sich zurechtfinden: Wissen, wie man in einem neuen Ort oder einer neuen Situation klarkommt.
Beispiel: In der neuen Stadt finde ich mich schnell zurecht.

ermöglichen: Etwas möglich machen.
Beispiel: Der Kurs ermöglicht mir, besser Deutsch zu sprechen.

sich engagieren für (Akk.): Sich für etwas einsetzen oder aktiv mithelfen.
Beispiel: Sie engagiert sich im Umweltschutz.

sich ehrenamtlich engagieren: Ohne Bezahlung für etwas arbeiten.
Beispiel: Er engagiert sich ehrenamtlich bei der Tafel.

entdecken: Etwas Neues finden oder kennenlernen.
Beispiel: Wir entdecken eine schöne neue Stadt.

erkunden: Einen Ort oder eine Sache genau anschauen.
Beispiel: Ich habe eine neue Stadt entdeckt. Am Wochenende gehe ich diese Stadt erkunden.

begegnen (Dat.): Jemanden zufällig treffen.
Beispiel: Ich bin dem Lehrer auf der Straße begegnet.

gleich behandeln: Alle Menschen fair behandeln, unterstützen.
Beispiel: Der Chef behandelt alle Mitarbeiter gleich.

sich anpassen: Sich an eine neue Situation oder Umgebung gewöhnen.

Beispiel: Ich passe mich schnell an neue Situationen an.

sich wohlfühlen: Sich gut und zufrieden fühlen.
Beispiel: Ich fühle mich wohl in meiner neuen Stadt.

überwältigend sein: Sehr beeindruckend oder stark sein.
Beispiel: Die große Stadt war am Anfang überwältigend.

überwinden: Etwas Schwieriges oder Unangenehmes schaffen oder besiegen.
Beispiel: Er möchte seine Angst vor dem Sprechen überwinden.

geduldig sein: Warten können, ohne unruhig zu werden.
Beispiel: Beim Lernen muss man geduldig sein.

Nomen + Verb

Informationen austauschen: Einander Informationen geben.
Beispiel: Wir tauschen im Kurs viele Informationen aus.

sich austauschen mit (Dat.): Mit jemandem Informationen, Gedanken oder Erfahrungen teilen.
Beispiel: Ich tausche mich gerne mit meinen Kollegen über neue Ideen aus.

eine Sprache verbessern: Eine Sprache besser lernen.
Beispiel: Ich möchte meine Sprachkenntnisse verbessern.

eine Möglichkeit bieten: Eine Chance oder Gelegenheit geben.
Beispiel: Der Verein bietet eine gute Möglichkeit, Deutsch zu üben.

zur Verfügung stehen: Bereit sein, etwas zu nutzen oder zu bekommen.
Beispiel: Die Bibliothek steht allen zur Verfügung.

Geduld haben: Ruhig bleiben und warten können.
Beispiel: Manchmal muss man viel Geduld haben.

Kulturschock überwinden: Die ersten Schwierigkeiten in einer neuen Kultur überwinden.
Beispiel: Nach ein paar Monaten habe ich den Kulturschock überwunden.

Brücken bauen: Verbindungen oder Freundschaften schaffen.
Beispiel: Der Verein baut Brücken zwischen verschiedenen Kulturen.

Adjektive

freiwillig: Etwas, das man macht, weil man es möchte, nicht weil man muss.
Beispiel: Viele Menschen arbeiten freiwillig in sozialen Projekten.

ehrenamtlich: Freiwillig und ohne Bezahlung.
Beispiel: Sie arbeitet ehrenamtlich in einer Schule.

wertvoll: Etwas, das wichtig oder nützlich ist.
Beispiel: Diese Erfahrung ist sehr wertvoll für mich.

XI. SPEZIELLE INTERESSEN UND BEDÜRF-NISSE

42. Unterstützung für Familien und Kinder

In Deutschland gibt es zahlreiche Hilfen für Familien und ihre Kinder, die das Leben leichter und bunter machen. Diese Unterstützungen sind dafür da, dass alle Kinder gut aufwachsen können und dass Eltern Unterstützung bekommen. Hier sind einige Beispiele dafür, wie diese Hilfen im Alltag aussehen können.

Kindergeld für jedes Kind

Jede Familie in Deutschland erhält Kindergeld. Dieses Geld unterstützt die Eltern dabei, die Kosten für wichtige Dinge wie Kleidung oder Schulmaterial zu decken. Das Kindergeld hilft somit, dass alle Kinder das bekommen, was sie für ein gutes Aufwachsen brauchen.

Elterngeld für die erste Zeit mit Baby

Wenn ein neues Familienmitglied zur Welt kommt, können Mütter oder Väter zu Hause bleiben, um sich um das Baby zu kümmern. Während dieser Zeit gibt es Elterngeld, das einen Teil des wegfallenden Gehalts ersetzt. So können sich die Eltern in den ersten Monaten ganz auf ihr Kind konzentrieren, ohne sich große Sorgen um finanzielle Einbußen machen zu müssen.

Betreuung in Kitas und durch Tagesmütter

Für die Betreuung der Kleinsten gibt es Kitas und Tagesmütter. Das ermöglicht es den Eltern, arbeiten zu gehen, während ihre Kinder liebevoll betreut werden. In der Kita lernen die Kinder durch Spielen mit anderen. Viele Familien zahlen für die Kita nach ihrem Einkommen, manche sogar nichts.

Schulische Förderung für alle Kinder

In der Schule bekommen Kinder aus Familien, die weniger Geld zur Verfügung haben, besondere Unterstützung. Sie können zum Beispiel kostenlos am Schulessen teilnehmen oder Zuschüsse für Klassenfahrten bekommen. Auch gibt es Förderunterricht, um in der Schule besser mitzukommen. Diese Hilfen sorgen dafür, dass alle Kinder die gleichen Chancen in der Schule haben.

Ferienprogramme

Für die Ferienzeit gibt es besondere Angebote, damit Kinder und Jugendliche spannende und schöne Ferien erleben können. Es gibt Ferienlager, Workshops und viele andere Aktivitäten, bei denen sie Neues lernen, Spaß haben und Freundschaften schließen können. Diese Programme sind oft erschwinglich und machen die Ferien zu einer besonderen Zeit.

Diese Beispiele zeigen, wie Deutschland Familien und Kinder unterstützt. Es gibt viele Möglichkeiten, Hilfe zu bekommen, damit alle Kinder gut aufwachsen können. Diese Unterstützungen machen das Zusammenleben in der Familie leichter und sorgen dafür, dass jedes Kind die Chance auf eine glückliche Kindheit und gute Bildung hat.

43. Angebote für Senioren

Für Senioren werden in Deutschland vielfältige spezielle Programme angeboten. Diese Programme helfen älteren Menschen, aktiv und gesund zu bleiben und Kontakte zu anderen zu pflegen. Hier erfahren Sie mehr darüber, welche Möglichkeiten es gibt und warum sie wichtig sind.

Freizeitangebote für Senioren

Viele Städte und Gemeinden bieten spezielle Freizeitaktivitäten für Senioren an. Dazu gehören zum Beispiel Gymnastikkurse, die dabei helfen, fit zu bleiben, oder Computerkurse, in denen man lernt, wie man das Internet und neue Technologien nutzen kann. Es gibt auch Gruppen, die gemeinsam wandern gehen oder sich treffen, um zu malen, zu singen oder ein Instrument zu spielen. Diese Angebote sind toll, um neue Freunde zu finden und etwas Neues zu lernen.

Beratungsangebote

Für Senioren gibt es auch viele Beratungsangebote. Diese Beratungen können Informationen zu Themen wie Rente, Gesundheitsvorsorge oder Wohnmöglichkeiten im Alter geben. Es gibt zum Beispiel Beratungsstellen, die dabei helfen, wenn man wissen möchte, wie man so lange wie möglich zu Hause wohnen bleiben kann. Andere Beratungen unterstützen bei der Suche nach einem passenden Altersheim oder Pflegedienst.

Begegnungsstätten

In vielen Orten gibt es Begegnungsstätten oder Seniorentreffs. Das sind Orte, wo man andere Senioren treffen und gemeinsam Zeit verbringen kann. Dort werden oft Kaffeenachmittage, Spieleabende oder Vorträge zu interessanten Themen angeboten. Diese Treffs sind eine gute Möglichkeit, um nicht allein zu sein und sich auszutauschen.

Sport- und Bewegungsangebote

Sport und Bewegung sind auch im Alter wichtig. Deshalb gibt es spezielle Sportangebote für Senioren. Das können leichte Fitnesskurse sein, Wassergymnastik oder spezielle Yoga-Kurse. Diese Kurse sind auf die Bedürfnisse älterer Menschen abgestimmt und helfen, die Beweglichkeit zu erhalten und Krankheiten vorzubeugen.

Ehrenamtliche Tätigkeiten
Viele Senioren engagieren sich ehrenamtlich. Es gibt viele Möglichkeiten, sich zu engagieren, zum Beispiel in sozialen Projekten, in Schulen oder in Umweltgruppen. Ehrenamtliche Arbeit gibt einem das Gefühl, gebraucht zu werden und etwas Gutes zu tun. Es ist auch eine Chance, seine Erfahrungen zu teilen und aktiv am gesellschaftlichen Leben teilzunehmen.

Alle diese Angebote tragen dazu bei, das Leben im Alter interessant und aktiv zu gestalten. Sie bieten die Möglichkeit, sich zu bewegen, Neues zu lernen, andere Menschen zu treffen und sich zu engagieren. So können Senioren ein erfülltes und glückliches Leben führen.

44. Dienste und Unterstützung für Menschen mit Behinderungen

In Deutschland gibt es viele Dienste und Unterstützungen für Menschen mit Behinderungen. Diese Hilfen sind wichtig, damit alle Menschen am gesellschaftlichen Leben teilhaben können, egal ob sie eine körperliche, geistige oder seelische Behinderung haben. Hier erfahren Sie, welche Arten von Unterstützung es gibt und wie sie helfen.

Barrierefreiheit
Eines der wichtigsten Ziele ist, dass alles barrierefrei ist. Das bedeutet, dass Gebäude, öffentliche Orte und Verkehrsmittel so gestaltet sind, dass sie für jeden zugänglich sind. Zum Beispiel gibt es Rampen für Rollstühle, Aufzüge in Bahnhöfen und taktile Leitsysteme für blinde Menschen. Diese Maßnahmen machen es einfacher, sich zu bewegen und überall hin zu kommen.

Persönliche Assistenz

Manche Menschen mit Behinderungen brauchen im Alltag Unterstützung. Sie können eine persönliche Assistenz bekommen. Das ist eine Person, die hilft, zum Beispiel beim Einkaufen, bei der Körperpflege oder bei der Arbeit. Diese Assistenz ermöglicht es, ein selbstständiges Leben zu führen und aktiv zu sein.

Finanzielle Unterstützung

Der Staat bietet finanzielle Unterstützung für Menschen mit Behinderungen. Dazu gehört zum Beispiel das Pflegegeld, das Menschen mit hohem Pflegebedarf bekommen. Es gibt auch Zuschüsse für Umbauten im Haus, damit es barrierefrei wird, oder für den Kauf eines behindertengerechten Autos. Diese finanziellen Hilfen sind wichtig, um zusätzliche Kosten zu decken, die durch eine Behinderung entstehen können.

Freizeit und Bildung

Auch im Bereich Freizeit und Bildung gibt es spezielle Angebote. Es gibt Sportgruppen, Musikworkshops und Kunstprojekte für Menschen mit Behinderungen. Schulen und Universitäten sind barrierefrei gestaltet und bieten spezielle Unterstützung an, damit alle die gleichen Chancen auf Bildung haben.

Arbeit und Beschäftigung

Es gibt besondere Unterstützungen, um Menschen mit Behinderungen den Zugang zum Arbeitsmarkt zu erleichtern. Dazu gehören Werkstätten für behinderte Menschen, Integrationsfirmen und besondere Programme zur beruflichen Bildung. Arbeitgeber können Zuschüsse bekommen, wenn sie Menschen mit Behinderungen einstellen. Das Ziel ist, dass jeder, der arbeiten möchte, auch die Chance dazu hat.

Zusammengefasst gibt es in Deutschland ein umfangreiches Angebot an Diensten und Unterstützungen für Menschen mit Behinderungen. Diese Angebote helfen, Barrieren zu überwinden und ermöglichen eine gleichberechtigte Teilhabe am gesellschaftlichen Leben. Es ist wichtig, dass jeder die Unterstützung bekommt, die er braucht, um ein selbstbestimmtes Leben zu führen.

Wortschatz: Spezielle Interessen und Bedürfnisse

Nomen

die Barrierefreiheit (keine Pluralform): Wenn Orte oder Dinge für alle Menschen leicht zugänglich sind, auch für Menschen mit Behinderungen.
Beispiel: Die neue Schule hat Barrierefreiheit, damit alle Schüler gut lernen können.#

die Beratung (-en): Unterstützung oder Hilfe, um Entscheidungen zu treffen oder Probleme zu lösen.
Beispiel: Ich gehe zur Beratung, um Tipps für meine Bewerbung zu bekommen.

die Beratungsstelle (-en): Ein Ort, an dem Menschen Hilfe und Informationen zu bestimmten Themen erhalten können.
Beispiel: In der Beratungsstelle für Eltern kann man viele nützliche Informationen finden.

das Pflegegeld (-er): Geld, das man erhält, um jemandem bei der Pflege zu helfen.
Beispiel: Sofia bekommt Pflegegeld, weil sie ihre kranke Mutter zu Hause betreut.

die Betreuung (-en): Die Unterstützung und Hilfe, die jemandem gegeben wird, z.B. bei der Pflege oder Erziehung.
Beispiel: Die Betreuung der Kinder findet in der Kita statt.

die Umwelt (-en): Die Natur und die Umgebung, in der wir leben.
Beispiel: Wir sollten die Umwelt schützen, damit zukünftige Generationen auch schöne Natur sehen können.

die Umweltgruppe(-en): Eine Gruppe von Menschen, die sich für den Schutz der Umwelt einsetzen.
Beispiel: Die Umweltgruppe plant eine Aktion, um Bäume zu pflanzen.

Verb

erhalten: Etwas bekommen oder empfangen.
Beispiel: Ich habe ein Geschenk von meiner Freundin erhalten.

betreuen: Sich um jemanden kümmern und helfen.
Beispiel: Die Lehrerin betreut die Schüler während der Projekttage.

fördern: Unterstützen oder helfen, damit etwas besser wird.
Beispiel: Das Programm fördert die Kreativität der Kinder.

anbieten: Etwas zur Verfügung stellen oder helfen.
Beispiel: Die Bibliothek bietet viele Bücher zum Lesen an.

beraten: Jemandem Tipps geben oder helfen, Entscheidungen zu treffen.
Beispiel: Der Arzt berät mich über meine Gesundheit.

gestalten: Etwas formen oder ändern, etwas besser oder schöner machen.
Beispiel: Wir gestalten das Klassenzimmer mit bunten Bildern.

sorgen für (Akk.): Für etwas oder jemanden verantwortlich sein oder sich kümmern.
Beispiel: Die Eltern sorgen für die Sicherheit ihrer Kinder.

aufwachsen: In der Kindheit und Jugend leben und groß werden.
Beispiel: Ich bin in einer kleinen Stadt aufgewachsen.

begegnen: Jemandem zufällig treffen oder kennenlernen.
Beispiel: Ich bin gestern einem alten Freund begegnet.

beitragen zu: Etwas unterstützen oder helfen, damit es besser wird.
Beispiel: Alle können zum Umweltschutz beitragen.

Adjektive

unterstützend: Hilfe geben oder jemanden fördern.
Beispiel: Die unterstützenden Maßnahmen helfen vielen Menschen.

barrierefrei: Ohne Hindernisse, so dass alle Menschen gut kommen können.
Beispiel: Das neue Gebäude ist barrierefrei und hat einen Aufzug.

umfangreich: Vielseitig und mit vielen Informationen oder Dingen.
Beispiel: Die Bibliothek hat ein umfangreiches Angebot an Büchern.

ehrenamtlich: Freiwillig und ohne Bezahlung arbeiten.
Beispiel: Er arbeitet ehrenamtlich in einem Tierheim.

erschwinglich: Günstig und nicht teuer.
Beispiel: Die Preise in diesem Restaurant sind erschwinglich.

gleichberechtigt: Alle Menschen haben die gleichen Rechte.
Beispiel: In unserer Gesellschaft sind alle gleichberechtigt.

zugänglich: Leicht erreichbar oder für alle offen.
Beispiel: Der Park ist für alle Menschen zugänglich.

XII. NÜTZLICHE RESSOURCEN UND HILFE-STELLUNGEN

45. Wichtige Adressen und Anlaufstellen

In Deutschland gibt es viele wichtige Adressen und Anlaufstellen, die Hilfe und Informationen zu verschiedenen Themen bieten. Diese Stellen können sehr nützlich sein, wenn man Fragen hat oder Unterstützung braucht. Hier stellen wir einige dieser wichtigen Anlaufstellen vor.

Einwohnermeldeamt
Wenn man in eine neue Stadt oder Gemeinde zieht, muss man sich beim Einwohnermeldeamt anmelden. Hier bekommt man auch wichtige Dokumente wie den Meldebescheinigung. Das Einwohnermeldeamt ist also der erste Ort, den man aufsuchen sollte, wenn man umzieht.

Jobcenter
Das Jobcenter ist für Personen da, die Arbeit suchen oder finanzielle Unterstützung wie Arbeitslosengeld II benötigen. Sie bieten Beratung zur Jobsuche, Weiterbildung und können auch bei der Bewerbung helfen. Wenn man Fragen zum Thema Arbeit oder Unterstützung hat, ist das Jobcenter eine wichtige Anlaufstelle.

Gesundheitsamt
Das Gesundheitsamt bietet Informationen und Dienstleistungen rund um das Thema Gesundheit. Hier kann man sich zum Beispiel über Impfungen informieren oder Hilfe bekommen, wenn man gesundheitliche Probleme hat. Sie bieten auch Beratung zu Themen wie gesunde Ernährung oder Suchtprävention.

Familienzentren

Familienzentren bieten Unterstützung und Beratung für Familien. Hier kann man Informationen zu Themen wie Erziehung, Kinderbetreuung oder finanzielle Unterstützung für Familien bekommen. Viele Familienzentren bieten auch Kurse oder Gruppentreffen für Eltern und Kinder an.

Verbraucherzentrale

Die Verbraucherzentrale hilft bei Fragen rund um das Thema Konsum. Wenn man Probleme mit Verträgen, Garantien oder Produkten hat, kann man sich hier beraten lassen. Sie bieten auch Informationen zu Themen wie Energiesparen, gesunde Ernährung oder sicheres Internet.

Migrationsberatungsstellen

Für Menschen, die neu in Deutschland sind, gibt es Migrationsberatungsstellen. Diese bieten Hilfe und Unterstützung bei der Integration. Hier kann man Informationen zu Themen wie Sprachkurse, Anerkennung von Abschlüssen oder das Leben in Deutschland bekommen.

Bibliotheken

Bibliotheken sind nicht nur Orte, um Bücher auszuleihen. Sie bieten auch Zugang zu Computern, Internet und oft auch Kurse oder Veranstaltungen. Bibliotheken sind ein guter Ort, um zu lernen, sich zu informieren oder einfach nur Zeit zu verbringen.

Diese Adressen und Anlaufstellen sind sehr wichtig, um Unterstützung und Informationen zu bekommen. Egal ob man neu in Deutschland ist, Arbeit sucht, Fragen zur Gesundheit hat oder Unterstützung für die Familie braucht – es gibt immer eine Stelle, die helfen kann. Es ist gut zu wissen, dass man nicht alleine ist und dass es viele Angebote gibt, die das Leben in Deutschland einfacher machen.

46. Apps und Online-Ressourcen

In der heutigen Zeit spielen Apps und Online-Ressourcen eine große Rolle im Alltagsleben. Sie können uns bei vielen Dingen helfen, von der Organisation des Tages bis hin zum Lernen neuer Fähigkeiten. In Deutschland gibt es viele nützliche Apps und Online-Ressourcen, die speziell darauf ausgerichtet sind, das Leben zu erleichtern. Hier stellen wir einige vor, die besonders hilfreich sein können.

Lern-Apps
Für alle, die Deutsch lernen möchten, gibt es Apps wie „Duolingo" oder „Babbel". Diese Apps bieten Kurse auf verschiedenen Niveaus an, sodass Anfänger und Fortgeschrittene die Sprache üben können. Sie machen das Lernen durch Spiele und Übungen unterhaltsam.

Navigations-Apps
Um sich in deutschen Städten zurechtzufinden, sind Navigations-Apps wie „Google Maps" oder „DB Navigator" sehr hilfreich. Mit ihnen kann man den schnellsten Weg von A nach B finden, egal ob zu Fuß, mit dem Fahrrad oder mit öffentlichen Verkehrsmitteln. Der „DB Navigator" ist besonders nützlich für Reisen mit der Bahn.

Online-Banking-Apps
Für finanzielle Angelegenheiten gibt es Online-Banking-Apps von verschiedenen Banken. Diese Apps ermöglichen es, Überweisungen zu tätigen, den Kontostand zu prüfen und Rechnungen zu bezahlen, ohne zur Bank gehen zu müssen. Das spart Zeit und ist sehr praktisch.

Gesundheits-Apps

Es gibt auch Apps, die sich um die Gesundheit kümmern. Zum Beispiel kann man mit der „Corona-Warn-App" nachverfolgen, ob man Kontakt zu einer mit dem Coronavirus infizierten Person hatte. Andere Gesundheits-Apps bieten Informationen zu Erster Hilfe oder erinnern daran, Medikamente zu nehmen.

Einkaufen und Lieferdienste

Für den Einkauf von Lebensmitteln oder das Bestellen von Essen gibt es Apps wie „Lieferando". Mit dieser App kann man bequem von zu Hause aus Essen bestellen und sich alles direkt liefern lassen. Das ist besonders nützlich, wenn man wenig Zeit hat oder nicht selbst einkaufen gehen kann.

Freizeit und Kultur

Es gibt auch viele Apps, die Informationen zu kulturellen Veranstaltungen, Museen oder Kinos bieten. Mit Apps wie „Eventim" kann man Tickets für Konzerte oder Theateraufführungen kaufen. Andere Apps bieten Führungen durch historische Städte oder Museen an, sodass man Kultur auch digital erleben kann.

47. Tipps zur Vorbereitung auf den Umzug

Ein Umzug kann eine große Herausforderung sein, besonders wenn man in ein neues Land zieht. Aber mit der richtigen Vorbereitung kann man viele Probleme vermeiden und den Umzug viel einfacher machen. Hier sind einige Tipps, wie man sich auf den Umzug vorbereiten kann.

Informieren Sie sich gut

Bevor Sie umziehen, sollten Sie so viel wie möglich über Ihren neuen Wohnort herausfinden. Das betrifft nicht nur die Wohnung oder das Haus, sondern auch die Umgebung. Wo ist der nächste Supermarkt? Gibt es eine Schule oder einen Kindergarten in der Nähe? Wie sieht es mit öffentlichen Verkehrsmitteln aus? Je mehr Sie wissen, desto einfacher wird es für Sie, sich einzuleben.

Planen Sie Ihren Umzug frühzeitig
Ein Umzug braucht viel Planung. Fangen Sie früh an, zu packen und zu sortieren, was Sie mitnehmen möchten und was vielleicht weg kann. Das spart Ihnen später Stress. Es ist auch wichtig, frühzeitig einen Umzugswagen zu buchen oder, falls nötig, eine Umzugsfirma zu beauftragen.

Packen Sie sorgfältig
Beim Packen sollten Sie darauf achten, dass alles gut geschützt ist, besonders zerbrechliche Dinge. Beschriften Sie die Kartons mit dem Inhalt und dem Raum, in den sie im neuen Zuhause gehören. So finden Sie alles leichter wieder.

Melden Sie sich um
Denke daran, sich bei Ihrem alten Wohnort abzumelden und bei Ihrem neuen Wohnort anzumelden. In Deutschland müssen Sie sich innerhalb zwei Wochen beim Einwohnermeldeamt ummelden. Vergessen Sie auch nicht, Adressänderungen bei Banken, Versicherungen und anderen wichtigen Stellen mitzuteilen.

Organisieren Sie Ihre Dokumente
Wichtige Dokumente wie Pässe, Geburtsurkunden oder Heiratsurkunden sollten Sie sicher aufbewahren. Es ist eine gute Idee, Kopien zu machen und diese getrennt von den Originalen zu lagern. So sind Sie auf der sicheren Seite, falls etwas verloren geht.

Planen Sie Ihre ersten Tage
Die ersten Tage nach dem Umzug können chaotisch sein. Planen Sie im Voraus, was Sie sofort brauchen werden, wie Bettwäsche,

Handtücher und ein paar Küchenutensilien. Packen Sie diese Dinge in einen separaten Karton, den Sie als erstes auspacken können.

Sagen Sie Ihren Nachbarn Tschüss
Vergessen Sie nicht, sich von Ihren Nachbarn und Freunden zu verabschieden. Vielleicht möchten Sie eine kleine Abschiedsfeier veranstalten. Es ist auch eine gute Idee, Kontaktdaten auszutauschen, um in Verbindung zu bleiben.

Mit diesen Tipps können Sie sich besser auf Ihren Umzug vorbereiten und den Stress minimieren. Ein gut geplanter Umzug ist der erste Schritt zu einem erfolgreichen Neuanfang an einem neuen Ort.

48. Checkliste für Neuankömmlinge

Wenn man neu in Deutschland ankommt, gibt es viele Dinge, an die man denken muss. Eine Checkliste kann dabei helfen, nichts Wichtiges zu vergessen. Hier sind einige wichtige Punkte, die auf der Checkliste für Neuankömmlinge in Deutschland stehen sollten.

1. Anmeldung beim Einwohnermeldeamt
Einer der ersten Schritte in Deutschland ist die Anmeldung beim Einwohnermeldeamt. Dafür brauchen Sie ihren Pass und manchmal auch den Mietvertrag. Diese Anmeldung ist sehr wichtig und muss meistens innerhalb der ersten zwei Wochen nach Ihrer Ankunft gemacht werden.

2. Eröffnung eines Bankkontos

Ein deutsches Bankkonto ist für den Alltag in Deutschland fast unerlässlich. Sie brauchen es, um Miete zu bezahlen, Gehalt zu bekommen oder einfach nur, um im Supermarkt einzukaufen. Die Eröffnung eines Kontos ist meistens einfach und kann oft sogar online erfolgen.

3. Krankenversicherung

In Deutschland ist es Pflicht, krankenversichert zu sein. Es gibt gesetzliche und private Krankenversicherungen. Informiere dich, welche für dich am besten ist, und schließe eine Versicherung ab. Ohne Krankenversicherung kann es teuer werden, wenn Sie zum Arzt oder ins Krankenhaus müssen.

4. Sprachkurse

Wenn Sie noch nicht gut Deutsch sprechen, ist ein Sprachkurs eine gute Idee. Es gibt viele Angebote, von Integrationskursen bis zu speziellen Sprachschulen. Deutschkenntnisse sind sehr wichtig, um Arbeit zu finden, Freunde zu machen und sich in Deutschland zurechtzufinden.

5. Arbeitssuche

Wenn Sie in Deutschland arbeiten möchten, gibt es viele Stellen, die Ihnen bei der Jobsuche helfen können. Das Jobcenter, die Agentur für Arbeit oder verschiedene Online-Jobbörsen sind gute Anlaufstellen. Ein guter Lebenslauf ist wichtig, um einen Job zu finden.

6. Kennenlernen der Umgebung

Nehmen Sie sich Zeit, Ihre neue Umgebung kennenzulernen. Finden Sie heraus, wo der nächste Supermarkt, die nächste Apotheke oder der nächste Arzt ist. Ein Spaziergang durch die

Nachbarschaft kann Ihnen helfen, sich schneller wie zu Hause zu fühlen.

Diese Checkliste hilft Ihnen die ersten Schritte zu machen und sich schneller einzuleben. Es ist normal, dass am Anfang nicht alles perfekt läuft. Aber mit ein bisschen Geduld und Organisation werden Sie sich bald wie zu Hause fühlen.

Wortschatz: Nützliche Ressourcen und Hilfestellungen

Nomen

das Einwohnermeldeamt (-ämter): Ein Amt, wo man seinen Wohnsitz anmeldet oder ändert.
Beispiel: Ich gehe zum Einwohnermeldeamt, um meine Adresse zu ändern.

die Gesundheitskarte (-n): Eine Karte, die zeigt, dass man krankenversichert ist und medizinische Leistungen bekommen kann.
Beispiel: Ich brauche meine Gesundheitskarte, um zum Arzt zu gehen.

das Bankkonto (-konten): Ein Konto bei einer Bank, auf dem man Geld einzahlen und abheben kann.
Beispiel: Ich habe ein Bankkonto eröffnet, um mein Geld zu sparen.

die Anlaufstelle (-n): Ein Ort, wo man Hilfe oder Informationen bekommen kann.
Beispiel: Die Beratungsstelle ist eine gute Anlaufstelle für neue Einwanderer.

der Einwanderer (=): Eine Person, die aus einem anderen Land kommt und in ein neues Land zieht.
Beispiel: Als Einwanderer lerne ich die Sprache und die Kultur des neuen Landes.

das Küchenutensil (-en): Ein Werkzeug oder Gerät, das man in der Küche benutzt, z.B. Töpfe oder Messer.
Beispiel: Ich kaufe ein neues Küchenutensil, um besser kochen zu können.

die Umgebung (-en): Der Bereich oder die Gegend um einen bestimmten Ort.
Beispiel: Die Umgebung meiner neuen Wohnung ist sehr schön und ruhig.

der Neuankömmling (-e): Jemand, der neu an einem Ort ist, z.B. ein neuer Bewohner oder Student.
Beispiel: Als Neuankömmling fühle ich mich manchmal verloren in der großen Stadt

Verben

nutzen: Etwas verwenden oder gebrauchen.
Beispiel: Ich nutze die Zeit, um für die Prüfung zu lernen.

sich kümmern um (Akk.): Verantwortung für jemanden oder etwas übernehmen und helfen.
Beispiel: Ich kümmere mich um meine jüngeren Geschwister.

erkunden: Etwas entdecken oder sich umsehen.
Beispiel: Wir erkunden die Stadt und schauen uns die Sehenswürdigkeiten an.

unterstützen: Jemandem helfen oder fördern.
Beispiel: Die Lehrer unterstützen die Schüler bei ihren Projekten.

beauftragen: Jemanden einen Auftrag geben, etwas zu tun.
Beispiel: Ich beauftrage einen Freund, mir beim Umzug zu helfen.

sich einleben: In einer neuen Umgebung oder Situation sich wohlfühlen.
Beispiel: Ich brauche Zeit, um mich in der neuen Stadt einzuleben.

achten auf (Akk.): Auf etwas aufpassen oder darauf achten, dass es gut geht.
Beispiel: Achten Sie auf den Verkehr, wenn Sie die Straße überqueren.

verlorengehen: Etwas, das nicht mehr gefunden werden kann, ist verloren.
Beispiel: Wenn mein Schlüssel verlorengeht, kann ich die Tür nicht mehr öffnen.

sich verabschieden von (Dat.): Sich von jemandem trennen oder „Auf Wiedersehen" sagen.
Beispiel: Ich verabschiede mich von meinen Freunden, bevor ich gehe.

herausfinden: Etwas entdecken oder etwas Neues lernen.
Beispiel: Ich finde heraus, wie man das Problem löst.

sich fühlen: Einen bestimmten emotionalen oder körperlichen Zustand haben.
Beispiel: Ich fühle mich glücklich, wenn ich Zeit mit meiner Familie verbringe.

ein Konto eröffnen: Ein neues Bankkonto anlegen.
Beispiel: Ich möchte ein Konto eröffnen, um Geld zu sparen.

Regeln / Fristen einhalten: Bestimmungen oder Termine beachten und befolgen.
Beispiel: Es ist wichtig, die Fristen für die Anmeldung einzuhalten.

eine Versicherung abschließen: Einen Vertrag mit einer Versicherungsgesellschaft machen.
Beispiel: Ich möchte eine Versicherung abschließen, um mein Auto zu schützen.

von zu Hause aus etw. bestellen: Etwas online oder telefonisch bestellen, ohne das Haus zu verlassen.
Beispiel: Ich bestelle mein Essen von zu Hause aus.

jemandem (Dativ) Stress sparen: Jemandem helfen, weniger Schwierigkeiten oder Probleme zu haben.
Beispiel: Ich spare dir Stress, indem ich alles organisiere.

auf der sicheren Seite sein: Sicherstellen, dass man nichts falsch macht oder in Schwierigkeiten gerät.
Beispiel: Ich nehme einen Regenschirm mit, um auf der sicheren Seite zu sein.

in Verbindung bleiben: Kontakt zu jemandem halten.
Beispiel: Wir bleiben in Verbindung, auch wenn wir weit weg wohnen.

sich (Dat.) Zeit nehmen: Sich Zeit für etwas lassen oder nicht hetzen.
Beispiel: Ich nehme mir Zeit, um das Buch zu lesen.

sorgfältig: Mit viel Aufmerksamkeit und Genauigkeit arbeiten.

Beispiel: Ich arbeite sorgfältig, um Fehler zu vermeiden.

zerbrechlich: Etwas, das leicht kaputt gehen kann.
Beispiel: Die Gläser sind zerbrechlich, also passe gut auf.

nützlich: Etwas, das hilfreich ist oder einen Vorteil bietet.
Beispiel: Diese Tipps sind sehr nützlich für mein Studium.

verfügbar: Etwas, das man benutzen oder haben kann.
Beispiel: Das Hotelzimmer ist verfügbar für das Wochenende.

frühzeitig: Zu einem frühen Zeitpunkt oder vor der Deadline.
Beispiel: Es ist besser, frühzeitig zu kommen, um einen guten Platz zu bekommen.

umfassend: Etwas, das viele Teile oder Informationen enthält.
Beispiel: Das Buch bietet eine umfassende Erklärung des Themas.

chaotisch: Unordentlich und verwirrend.
Beispiel: Die Situation ist chaotisch, weil alle gleichzeitig sprechen.

erschwinglich: Preiswert und nicht teuer.
Beispiel: Die Mieten hier sind erschwinglich für Studenten.

XIII. HÄUFIG GESTELLTE FRAGEN

49. Antworten auf häufige Fragen von Einwanderern

Wenn man neu in Deutschland ist, hat man oft viele Fragen. Hier sind Antworten auf einige häufige Fragen von Einwanderern. Diese Informationen sollen Ihnen helfen, sich in Deutschland besser zurechtzufinden.

Wie melde ich mich in Deutschland an?
Wenn Sie nach Deutschland kommen, müssen Sie sich beim Einwohnermeldeamt Ihrer Stadt oder Gemeinde anmelden. Dafür brauchen Sie Ihren Reisepass und, wenn möglich, Ihren Mietvertrag. Diese Anmeldung ist sehr wichtig und muss in der Regel innerhalb der ersten zwei Wochen nach Ihrer Ankunft erfolgen.

Brauche ich eine Krankenversicherung?
Ja, in Deutschland ist es gesetzlich vorgeschrieben, eine Krankenversicherung zu haben. Es gibt die gesetzliche Krankenversicherung und die private Krankenversicherung. Welche für Sie die richtige ist, hängt von Ihrer Arbeitssituation und Ihrem Einkommen ab. Häufig wird die gesetzliche Krankenversicherung (AOK, Barmer, etc.) ausgewählt. Die Krankenversicherung deckt die Kosten für Arztbesuche, Medikamente und Krankenhausaufenthalte.

Wie finde ich eine Wohnung?
Die Wohnungssuche in Deutschland kann manchmal schwierig sein, besonders in großen Städten. Sie können online auf Immobilienportalen (z.B. Immoscout.de, Immowelt.de, etc.), in lokalen Zeitungen oder durch Immobilienmakler nach Wohnungen suchen. Es ist auch hilfreich, in sozialen Netzwerken oder bei

Bekannten nachzufragen. Denken Sie daran, dass Sie oft eine Schufa-Auskunft (eine Art Bonitätsnachweis) und einen Einkommensnachweis vorlegen müssen. Für Studentenwohnheim brauch man in der Regel keine Schufa-Auskunft. Die Schufa-Auskunft können Sie direkt auf der Webseite der Schufa beantragen: www.schufa.de

Wie funktioniert das Bildungssystem in Deutschland?
Das Bildungssystem in Deutschland hat mehrere Stufen. Kinder starten meist im Kindergarten, wo sie spielerisch lernen und erste soziale Erfahrungen machen. Mit etwa sechs Jahren kommen sie dann in die Grundschule. Die Grundschule dauert vier Jahre (in manchen Bundesländern sechs Jahre). Dort lernen alle Kinder gemeinsam und bekommen eine Grundausbildung in Fächern wie Deutsch und Mathe.

Nach der Grundschule wechseln die Kinder auf eine weiterführende Schule. Welche Schule sie besuchen, hängt von ihren Leistungen und Interessen ab. Es gibt drei Hauptformen:

- *Hauptschule (Klasse 5 bis 9 oder 10)*: Die Hauptschule bereitet auf praktische Berufe vor. Am Ende gibt es einen Hauptschulabschluss oder die mittlere Reife, mit der man eine Ausbildung machen kann.

- *Realschule (Klasse 5 bis 10)*: Die Realschule bietet mehr theoretisches Wissen als die Hauptschule. Mit dem Realschulabschluss können Schülerinnen und Schüler eine Ausbildung machen oder auf eine weiterführende Schule wie das Gymnasium wechseln, um das Abitur zu machen.

- *Gymnasium (Klasse 5 bis 12 oder 13)*: Das Gymnasium bereitet auf das Abitur vor, den höchsten Schulabschluss.

Mit dem Abitur kann man an einer Hochschule oder Universität studieren.

In manchen Bundesländern gibt es auch die Gesamtschule, die alle drei Schulformen kombiniert. So können Schülerinnen und Schüler je nach ihrer Entwicklung zwischen verschiedenen Abschlüssen wählen.

Nach dem Schulabschluss (Realschule & Hauptschule) können Jugendliche eine Ausbildung machen. Dabei arbeiten sie in einem Betrieb und lernen gleichzeitig an einer Berufsschule. Diese „duale Ausbildung" ist in Deutschland sehr beliebt und dauert meistens zwischen zwei und dreieinhalb Jahren.

Wer das Abitur hat (in Gymnasium), kann an einer Universität oder Fachhochschule studieren. Universitäten bieten vor allem theoretisches Wissen, während Fachhochschulen stärker auf die Praxis ausgerichtet sind.

Kann ich in Deutschland arbeiten?
Ja, aber es hängt davon ab, welchen Aufenthaltsstatus und welche Qualifikationen Sie haben. EU-Bürger dürfen ohne Einschränkungen in Deutschland arbeiten. Für Menschen aus Nicht-EU-Ländern gibt es bestimmte Voraussetzungen. Wenn Sie in Ihrem Berufsfeld arbeiten möchten, ist es wichtig, dass Ihre ausländischen Abschlüsse anerkannt werden. Das Jobcenter und die Agentur für Arbeit helfen Ihnen dabei, einen Job zu finden und bieten Beratung an.

Was ist bei der Anmeldung von Kindern in der Schule zu beachten?
Für die Anmeldung Ihres Kindes in der Schule müssen Sie sich an das Schulamt Ihrer Stadt oder Gemeinde wenden. Dort erhalten

Sie Informationen über die Schulen in Ihrer Nähe und den Anmeldeprozess. Es ist hilfreich, Geburtsurkunden und bisherige Zeugnisse Ihres Kindes bereitzuhalten.

Wie eröffne ich ein Bankkonto?

Um ein Bankkonto in Deutschland zu eröffnen, müssen Sie einen gültigen Ausweis (z.B. Ihren Reisepass) und manchmal auch eine Meldebescheinigung vorlegen. Viele Banken bieten die Möglichkeit, den Antrag online auszufüllen. Es gibt verschiedene Kontotypen, daher ist es sinnvoll, die Angebote zu vergleichen.

Wie funktioniert das öffentliche Verkehrssystem?

Deutschland hat ein gut ausgebautes öffentliches Verkehrssystem, das Busse, Straßenbahnen, U-Bahnen und Züge umfasst. Sie können Einzelfahrscheine kaufen oder, wenn Sie regelmäßig fahren, eine Monatskarte. Die Tickets können Sie an Automaten, in Kundenzentren oder online kaufen. Es ist wichtig, das Ticket vor der Fahrt zu entwerten.

Was muss ich über Mülltrennung wissen?

In Deutschland ist Mülltrennung sehr wichtig. Es gibt verschiedene Behälter für Papier, Verpackungen, Restmüll und Bioabfälle. Glas und alte Kleidung werden an speziellen Sammelstellen entsorgt. Die genauen Regeln können je nach Wohnort variieren, daher ist es gut, sich bei der Stadtverwaltung zu informieren.

Generell gilt: Papier und Karton kommen in die blaue Tonne, Verpackungen aus Kunststoff, Metall und Verbundstoffe in die gelbe Tonne oder den gelben Sack, Bioabfälle in die braune Biotonne und Restmüll in die schwarze Tonne. Glas wird nach Farben sortiert und an öffentlichen Sammelstellen (Müllcontainer) entsorgt.

Kann ich meinen ausländischen Führerschein in Deutschland verwenden?

Ihr ausländischer Führerschein ist in der Regel für die ersten sechs Monate nach Ihrer Ankunft in Deutschland gültig. Danach müssen Sie ihn in einen deutschen Führerschein umschreiben lassen. Die Regeln dafür hängen von Ihrem Herkunftsland ab. Manchmal ist eine praktische Fahrprüfung notwendig.

Wo finde ich Freizeitangebote und Möglichkeiten, neue Leute kennenzulernen?

Es gibt viele Vereine und Gruppen in Deutschland, die Aktivitäten wie Sport, Musik oder Sprachaustausch anbieten. Auch Volkshochschulen bieten Kurse in verschiedenen Bereichen an. Soziale Netzwerke und spezielle Apps für Neuankömmlinge können ebenfalls helfen, Veranstaltungen zu finden und Kontakte zu knüpfen.

Wie kann ich einen Termin beim Arzt vereinbaren?

Wenn Sie einen Arzt brauchen, können Sie direkt eine Praxis anrufen und einen Termin vereinbaren. Für bestimmte Fachärzte benötigen Sie manchmal eine Überweisung von einem Allgemeinarzt (Hausarzt). Es ist wichtig, Ihre Gesundheitskarte bei jedem Arztbesuch dabei zu haben.

Wie finde ich heraus, welches die richtige Schule für mein Kind ist?

Um die passende Schule für Ihr Kind zu finden, können Sie sich auf den Webseiten der Schulen über deren Angebote informieren oder direkt bei der Schule nachfragen. Die Wahl hängt von verschiedenen Faktoren ab, wie zum Beispiel dem Schwerpunkt der Schule, der Entfernung zu Ihrem Wohnort und den individuellen Bedürfnissen Ihres Kindes.

Was mache ich, wenn ich die Sprache noch nicht gut spreche?

Wenn Sie die deutsche Sprache noch nicht gut sprechen, gibt es viele Möglichkeiten, Deutsch zu lernen. Neben den bereits erwähnten Sprachkursen können Sie auch Sprachtandems mit Muttersprachlern bilden, an Meetups teilnehmen oder spezielle Apps benutzen.

Wie kann ich mich sozial engagieren oder ehrenamtlich arbeiten?

Es gibt zahlreiche Organisationen und Initiativen, bei denen Sie sich ehrenamtlich engagieren können. Um eine passende Möglichkeit zu finden, können Sie online recherchieren, die lokalen Freiwilligenzentren besuchen oder sich bei gemeinnützigen Organisationen direkt erkundigen. Ehrenamtliche Arbeit ist eine großartige Möglichkeit, die Gemeinschaft zu unterstützen und neue Menschen kennenzulernen.

Wo kann ich mich über meine Rechte als Mieter informieren?

Informationen zu Ihren Rechten als Mieter finden Sie bei den Mietervereinen oder Verbraucherzentralen. Dort können Sie auch Beratung zu spezifischen Fragen oder Problemen erhalten, wie zum Beispiel zu Mietverträgen, Nebenkostenabrechnungen oder Kündigungsfristen.

Wie melde ich mein Fahrzeug in Deutschland an?

Um Ihr Fahrzeug in Deutschland anzumelden, müssen Sie zur Zulassungsstelle Ihres Wohnorts gehen. Sie benötigen den Fahrzeugschein, den Fahrzeugbrief, eine Versicherungsbestätigung und Ihren Personalausweis oder Reisepass. Möglicherweise müssen Sie auch nachweisen, dass das Fahrzeug technisch überprüft wurde (TÜV).

Wie kann ich deutsche Freunde finden?

Um deutsche Freunde zu finden, gibt es viele Möglichkeiten, die Sie ausprobieren können:

- Treten Sie einem Verein bei: In Deutschland gibt es zahlreiche Vereine für Sportarten wie Fußball, Tennis, Tanzen, Schwimmen oder Wandern. Auch Musik- oder Kunstvereine sind beliebt.

- Besuchen Sie Sprachcafés: Viele Städte bieten Sprachcafés an, in denen Menschen aus verschiedenen Ländern zusammenkommen, um Deutsch zu sprechen und sich auszutauschen. Hier können Sie Ihre Sprachkenntnisse verbessern und gleichzeitig Leute kennenlernen, die ebenfalls Kontakte suchen.

- Engagieren Sie sich ehrenamtlich: Freiwilligenarbeit ist in Deutschland sehr geschätzt, und es gibt viele Möglichkeiten, sich sozial zu engagieren – zum Beispiel in einem Tierheim, bei der Tafel oder in einem Seniorenheim. Hier können Sie leicht ins Gespräch kommen und gleichzeitig etwas Gutes tun.

- Nutzen Sie Sprachtandems: Ein Sprachtandem ist eine tolle Möglichkeit, die deutsche Sprache zu üben und eine neue Freundschaft zu entwickeln. Viele deutsche Muttersprachler möchten eine andere Sprache lernen und freuen sich über regelmäßige Treffen, bei denen Sie abwechselnd Deutsch und Ihre Muttersprache sprechen können. Informationen dazu finden Sie an Universitäten oder auf Websites.

- Machen Sie bei Kursen oder Workshops mit: Egal ob Kochkurs, Tanzkurs oder Fotografie-Workshop – Kurse bieten eine entspannte Atmosphäre, um mit anderen ins Gespräch zu kommen. Auch viele Volkshochschulen (VHS) bieten interessante und günstige Kurse an.

- Nehmen Sie an lokalen Festen oder Events teil: In Deutschland gibt es viele Feste und Events wie Weihnachtsmärkte, Stadtfeste, Musikfestivals und mehr. Gehen Sie hin, sprechen Sie mit den Leuten und erleben Sie die deutsche Kultur aus nächster Nähe. Oft kommen Sie so ganz unkompliziert ins Gespräch.

- Nutzen Sie Online-Gruppen und Meet-ups: Viele Städte haben Online-Gruppen auf Social Media oder Plattformen wie Meetup, wo Treffen für neue Leute organisiert werden. Schauen Sie nach Aktivitäten, die Sie interessieren, und besuchen Sie eine Veranstaltung.

- Fragen Sie Arbeitskollegen oder Nachbarn: Manchmal kann auch ein kurzer Smalltalk im Treppenhaus oder die Einladung auf einen Kaffee dazu führen, dass man sich näher kennenlernt. Zögern Sie nicht, Ihre Nachbarn oder Kollegen anzusprechen – die meisten Menschen sind offen und freuen sich über Interesse.

Wenn Sie offen und freundlich auf Menschen zugehen und regelmäßig solche Gelegenheiten nutzen, werden Sie sicher bald deutsche Freunde finden.

Diese Antworten sollen Ihnen einen Überblick geben und helfen, die ersten Schritte in Deutschland zu machen. Es ist normal, viele Fragen zu haben, und es gibt viele Stellen, die Unterstützung und Beratung anbieten.

Wortschatz: Häufig gestellte Fragen

Nomen

die Ankunft (-künfte): Der Moment, wenn jemand oder etwas an einem bestimmten Ort ankommt.
Beispiel: Die Ankunft des Zuges ist um 15 Uhr.

der Mietvertrag (-verträge): Ein Dokument, das die Regeln für das Mieten einer Wohnung festlegt.
Beispiel: Ich unterschreibe den Mietvertrag für meine neue Wohnung.

die Leistung (-en): Das Ergebnis oder die Arbeit, die jemand oder etwas erbringt.
Beispiel: Die Leistung des neuen Handys ist sehr gut.

Verben

verwenden: Etwas benutzen oder einsetzen.
Beispiel: Ich verwende ein Wörterbuch, um neue Wörter zu lernen.

sich erkundigen nach (Dat.): Informationen über etwas suchen oder fragen.
Beispiel: Ich erkundige mich nach den Öffnungszeiten des Museums.

sich an jemanden (Akk.) wenden: Jemanden um Hilfe oder Informationen bitten.
Beispiel: Ich wende mich an die Lehrerin, wenn ich Fragen habe.

benötigen: Etwas brauchen.
Beispiel: Ich benötige einen Stift, um zu schreiben.

gelingen: Etwas erfolgreich machen oder schaffen.
Beispiel: Es gelingt mir, das Problem zu lösen.

sich an etw. gewöhnen: Sich mit etwas vertraut machen oder daran anpassen.
Beispiel: Ich gewöhne mich an das neue Zimmer.

vorgeschrieben sein: eine Regel oder ein Gesetz.
Beispiel: Das Tragen eines Helms ist vorgeschrieben.

erhalten: Etwas bekommen.
Beispiel: Ich erhalte eine Nachricht von meinem Freund.

vereinbaren: Einen Termin oder ein Treffen ausmachen.
Beispiel: Wir vereinbaren einen Termin für nächste Woche.

recherchieren: Informationen suchen und sammeln.
Beispiel: Ich recherchiere für mein Referat über Tiere.

zurechtfinden (in einer Umgebung): Sich an einem neuen Ort orientieren.
Beispiel: Ich finde mich in der neuen Stadt schnell zurecht.

zurechtkommen (mit einer Sache): Mit etwas umgehen oder es schaffen.
Beispiel: Ich komme mit der neuen Software gut zurecht.

abhängen von (Dat.): Von etwas oder jemandem abhängig sein.
Beispiel: Der Erfolg der Firma hängt vom Chef ab.

nachfragen: nochmal Fragen, sich informieren
Beispiel: Ich frage nach, ob es noch Plätze im Kurs gibt.

entsorgen: Etwas wegwerfen oder beseitigen.
Beispiel: Ich entsorge den Müll in die Tonne.

Adjektive

gemeinnützig: Eine Organisation die der Gemeinschaft hilft, ohne Profite zu machen.
Beispiel: Die Organisation ist gemeinnützig und hilft armen Menschen.

gesetzlich: Etwas, das durch Gesetze geregelt ist.
Beispiel: Es gibt gesetzliche Regeln für die Arbeitszeiten.

bisherig: Bis heute.
Beispiel: Meine bisherige Erfahrung in diesem Job ist gut.

gültig: Etwas, das anerkannt oder rechtmäßig ist.
Beispiel: Mein Pass ist noch bis 2025 gültig.

ungültig: Etwas, das nicht mehr gilt oder nicht anerkannt wird.
Beispiel: Das Ticket ist ungültig, weil es abgelaufen ist.

SCHLUSS

Wir hoffen, dass „Deutschland kompakt" für Sie eine wertvolle Unterstützung im Alltag ist und Ihnen bereits geholfen hat, sich in Deutschland besser zurechtzufinden. Mit den Informationen, Tipps und Anleitungen aus diesem Buch möchten wir Ihnen nicht nur praktisches Wissen an die Hand geben, sondern auch Mut und Zuversicht für Ihren Weg in einem neuen Land.

Nutzen Sie dieses Buch weiterhin als Nachschlagewerk, um immer mehr Sicherheit in Ihrem neuen Leben zu gewinnen. Mit Geduld, Offenheit und der Bereitschaft zu lernen, werden Sie sich immer wohler fühlen. Wir wünschen Ihnen viel Erfolg und Freude bei allem, was noch vor Ihnen liegt!